De Justo a Per

Carlos Guillermo Frontera

De Justo a Perón

1932-1952

Prólogo de Luis María Bandieri

sb

Madrid • Buenos Aires • México • Bogotá • Quito • Lima • Santiago • Montevideo • Asunción

Frontera, Carlos Guillermo

De Justo a Perón, 1932-1952 / Carlos Guillermo Frontera ; Prólogo de Luis María Bandieri. - 1a ed. - Ciudad Autónoma de Buenos Aires : SB, 2025.

182 p. ; 23 x 16 cm.

ISBN 978-631-6680-30-3

1. Política Argentina. 2. Historia Política Argentina. 3. Peronismo. I. Bandieri, Luis María , prolog. II. Título.

CDD 320.0982

ISBN: 978-631-6680-30-3
1ª edición, julio de 2025

Director: Andrés C. Telesca (andres.telesca@editorialsb.com)
Diseño de cubierta e interior: Cecilia Ricci (riccicecilia2004@gmail.com)

Agradezco el valioso y significativo apoyo
de mi querida hija Adriana M. de Castro.

Índice

Prólogo

Cicerón nos legó aquello de que la historia es *magistra vitae*, maestra de vida. Toda historia es historia contemporánea, añadía Croce. La historia encerraría la verdad del presente. El paso de los años, la experiencia acumulada en ellos y el indagar las cuestiones históricas y políticas me han hecho matizar el apotegma ciceroniano. Hemos visto tropezar repetidamente a líderes, élites y pueblos con la misma piedra, pese a que la historia anunciaba que allí había una piedra. De donde se aprendía, nunca demasiado, por cierto, era de las caídas. O, más bien, de las sucesivas recaídas, en las que la historia se plagiaba a sí misma. Carlos Guillermo Frontera ha dedicado buena parte de su larga y proficua vida a desentrañar recaídas de nuestra historia, sirviéndose principalmente de los enfoques de la escuela del revisionismo clásico, con criterios de objetividad, todo ello mediado por una rica experiencia personal como académico, jurista e investigador del pasado. Ya nos había brindado –"Seis de septiembre, una revolución frustrada"– una prieta síntesis de las peripecias argentinas entre 1806 y 1910, para concentrarse luego en la revolución que derrocó a Hipólito Yrigoyen. Antes había examinado "Las Relaciones Argentino-Americanas 1943-1946" y, más tarde, "En torno a la constitución de 1949 y su nulidad", la historia constitucional argentina que desemboca en la reforma de 1949. En la presente obra se concentra en dos décadas que muestran dos modelos de conducción política y de manejo económico: 1932/1942 y 1943/1952. Ambos marcaron el dominio de un caudillo político y militar: Agustín P. Justo, en un caso; Juan Domingo Perón, en el otro. Un vínculo existía entre ambos conductores: Justo, modelado sobre Mitre y Roca, de clara inteligencia y gran acierto para la elección de sus colaboradores, distinguía a Perón y Perón, por su lado, también de gran despeje, tomó a Justo como modelo de un jefe de una titularidad de facto que llega al poder legitimado por elecciones (amañadas en el caso de Justo, limpias en el caso de Perón).

La década liberal de Justo es evocada por Frontera con la clásica etiqueta de la "década infame". Hay hoy una corriente que rechaza o, cuando menos, gradúa este marbete debido a José Luis Torres. La crisis de 1929, y la caída de la libra, habían golpeado a nuestro país al que, después de todo, pudo por algunos invocarse, pero en los hechos no era, un "dominio" integrado a la Commonwealth británica, con las consiguientes prerrogativas. Aquellos liberales impusieron un proteccionismo defensivo que, una vez estallada la guerra, y con nuestra neutralidad, como en 1914/1919, como buen pabellón para cubrir las necesidades alimenticias inglesas, permitió reducir en buena medida los efectos de la crisis. Esto posibilitó el desarrollo de la industria liviana local, no alcanzada por el pacto Roca-Runciman (Siam Di Tella, Campomar, Masllorens, Loma Negra, Molinos Río de la Plata, la red vial). La mano de obra provino en gran medida de la migración interna. Cierto que imperó, como dice nuestro autor, "un total olvido o desinterés por las reales necesidades de la población" y que los desocupados inauguraron las villas miseria en Puerto Nuevo. En esos años, también, y a la sombra controvertida de Lugones, como contrapartida, aparece una pléyade de novelistas, ensayistas y poetas de un fulgor hasta hoy no superado. Hacia los finales del período, el presidente Castillo sostuvo gallardamente la neutralidad que era pivote de nuestra política exterior y que el estamento militar apoyaba. Pero el docto jurista catamarqueño tenía del régimen político la idea reductiva de la "media palabra" para elegir al sucesor presidencial y de votar volcando las urnas a favor de los propios allí donde se podía (según el texto que trae el autor lo consideraba una condición del "equilibrio institucional").

Así se llega, por diversas y cruzadas conjuras, al 4 de junio de 1943, donde el GOU toma la delantera y, por sucesivas eliminaciones, se impone el flamante general Juan Domingo Perón. El modelo alternativo al liberalismo justista se pone en marcha. Invoca la justicia social, sobre todo las ansias y deseos de una masa obrera muy distante del internacionalismo proletario europeo. El nuevo modelo se apoya al mismo tiempo en el movimiento sindical, donde va surgiendo un nuevo tipo de líderes, en el ejército que reconoce la capacidad de conducción de Perón y ve con buenos ojos su manejo de la cuestión social, así como ocurre con la Iglesia. El líder tranquiliza a los industriales (discurso de 1944 en la Bolsa de Comercio) asegurándoles que el capitalismo estará tranquilo con el nuevo sindicalismo y, en una de sus clásicas caracterizaciones, les dirá que él también, como estanciero, es capitalista. Es curioso que las grandes medidas que transformaron la sociedad y el mundo del trabajo no fueron tanto producto del gobierno constitucional de Perón, como de los finales del gobierno de facto surgido en 1943, donde ya el general gobernaba. Así, el aguinaldo, las vacaciones pagas, la jubilación extendida a todos los obreros y empleados del país, la ley de despido y la de accidentes de trabajo también extendidas, el congelamiento de los alquileres, que tenía un antecedente en tiempo de la Primera Guerra y que continuado luego en el tiempo fue desastroso, pero que en ese momento en que no existía la experiencia de la inflación permitió a muchos inquilinos convertirse en propietarios por valores accesibles, consolidando la idea del país como un sueño de clase media. Medidas de fondo y discutibles como la nacionalización del Banco Central y de los depósitos bancarios o la creación del IAPI (Instituto Argentino para la Promoción del Intercambio), monopolizador del comercio exterior del país, fueron dictadas en tiempo del mascarón de proa del gobierno de facto, Edelmiro J. Farrell. Después llegó el momento en que el conductor real debió gobernar con banda y bastón y tomaron cuerpo esas piedras que la experiencia histórica, madre desoída, ya tenía señaladas, con las que todo gobierno tropieza y a veces sale menos magullado que otras de las inevitables caídas que se repiten. Surgió el impulso inevitable a la reelección, malogrando así los elementos positivos de la nueva constitución de 1949: aparecieron fisuras en el campo gremial y las huelgas (no contempladas como derecho en el texto constitucional) fueron en algunos casos duramente reprimidas; se manifestaron grietas en cuerpo militar y quedaron marginados muchos de los elementos más valiosos en acción y consejo, sustituidos muchas veces por cultores de la obsecuencia. Se cruzaron en el camino los pedruscos inevitables de la inflación y la sequía, con la consiguiente reducción del poder adquisitivo popular. Las elecciones para la renovación presidencial se adelantaron a fines de 1951, el 22 de agosto tuvo lugar la gran concentración en la avenida 9 de julio, que nuestro autor bien describe y se produjo el dramático diálogo entre Eva Perón y la multitud. Fue una de las pocas veces en que el manejo de una concentración popular se escapó de las manos del líder. La multitud se dispersó pensando que la Abanderada había aceptado postularse a la vicepresidencia, algo que indisponía al presidente con la conducción del ejército y que no estaba en los planes del propio Perón. Luego vendría el renunciamiento y, meses más tarde, el 26 de julio de 1952, la muerte de Evita, que tendría profundas consecuencias hasta en el carácter de Perón.

Hasta aquí los límites que se fijó nuestro autor. Se destaca en sus planteos, y el epílogo es claro al respecto, así como la advertencia formulada al abrir la obra, cuya intención es brindar al lector los elementos para que forme sus propios juicios. El autor tiene posición tomada respecto de los modelos que expone, pero ese criterio no busca imponerse, sin panegíricos ni diatriba sobre los actores históricos. Como afirma, desde su saber aquilatado por la experiencia, no pretende ensanchar grietas ni cavar trincheras. Su objetivo es aquel que enunció Lugones: proporcionar al que lo lea "ojos mejores para ver la patria".

Luis María Bandieri

Introducción

Como he afirmado en un libro de mi autoría[1], el movimiento que derrocó al Presidente Hipólito Yrigoyen anunció la realización de un cambio profundo en orden a lo institucional que, a la postre, resultó frustrado por la acción de muchos que manifestaron apoyarlo.

Quienes han juzgado al General José Félix Uriburu, fueron, algunos de ellos, partícipes de la criticada acción de gobierno.

Para algunos, la revolución solo tuvo por objeto sustituir un gobierno prematuramente, para otros, en cambio, el suceso de septiembre consistió en reemplazar un gobierno prematuramente desgastado y también se ha afirmado que fue el resultado de tendencias ideológicas de contenido autoritario, con el fin de destruir nuestra tradición democrática.

Es opinión coincidente de los protagonistas políticos de la época –ratificado por historiadores interesados en el estudio de los sucesos que nos ocupan– que el gobierno surgido de las elecciones del 8 de marzo de 1928 prácticamente plebiscitó al líder de la Unión Cívica Radical, Doctor Hipólito Yrigoyen, quien asumió su segundo mandato presidencial el 12 de octubre del referido año.

A pesar del amplio triunfo mencionado, quienes han juzgado a ese gobierno, incluso sus propios partidarios, han coincidido en admitir que, como consecuencia del decaimiento físico y mental del Doctor Yrigoyen, unido a la notoria falta de idoneidad de muchos

---

1 *6 de septiembre, La Revolución Frustrada*, Dunken, 2002.

de sus colaboradores, antes de transcurrido un año de su mandato, su administración y su figura como Jefe de Estado habían perdido gran parte de su popularidad.

Tal estado de cosas determinó que, tanto en los círculos políticos, como en el seno de las Fuerzas Armadas, se fuese desarrollando la idea de destituir al gobierno mediante un movimiento cívico militar.

En el ámbito militar, la oficialidad conforme con ese propósito acudió a la dirección de dos prestigiosos jefes como conductores del futuro movimiento revolucionario, los Generales José Félix Uriburu y Agustín Pedro Justo.

El primero de ellos aceptó encabezar el movimiento y conducir la acción conspirativa, para lo cual previamente solicitó su pase a retiro, concedido por Decreto del Poder Ejecutivo de fecha 4 de mayo de 1929.

En las referidas circunstancias, a manera de despedida del servicio activo, concebido en los siguientes términos:

La fuerza armada no puede ser ni es, sino lo que es la Nación misma. Con sus cualidades, defectos, pasiones e intereses. De ahí que las influencias del medio ambiente no son fáciles de controlar por solo influjo de la disciplina, porque ella es la que más sufre, por hondas que hayan sido sus raíces, cuando a las corrientes corrosivas que vienen de afuera se suma la incoherencia o el error de la autoridad. No siempre empeñada en sostenerla con la energía que el deber impone. Las debilidades, mundo que por sí mismas suelen ser expresión de la decadencia del carácter, toman aspecto catastrófico desde el momento en que la protección política socava su entraña destruyendo por el favor o la amenaza lo que hay de más respetable en el alma del oficial, su desprendimiento. Y puede asegurarse, sin temor a equívoco, que del instante mismo en que comienza a flaquear dicho sentimiento la intriga y el bajo servilismo sustituyen al ideal común de servir con desinterés a la Patria y en tal caso, el Ejército deja de ser la fuerza organizada protectora de la Nación, para convertir en guardia pretoriana destituida de todo ideal superior, y dispuesta a vender su conciencia al mejor postor.[2]

El entonces Capitán Juan Domingo Perón, que trató con asiduidad al General Uriburu en las instancias previas a la revolución, se expresó sobre él en los siguientes términos:

> Yo pensaba que el General Uriburu era el hombre que siempre conocí, un perfecto caballero y hombre de bien hasta conspirando. Su palabra un tanto campechana y de franqueza evidente me impresionaba bien, veía en él a un hombre puro, bien inspirado y decidido a jugarse en la última etapa la carta más brava de su vida. Pensé que era un hombre de los que necesitábamos.[3]

Uno de los críticos más duros de la revolución del 6 de septiembre, al referirse al General Uriburu, dice de él que era un idealista sincero, ajeno a las mañas políticas y esperanzado.[4]

En lo que respecta a las calidades personales de Uriburu, era poseedor de una fuerte personalidad con relevantes títulos y méritos e inclinado, a diferencia del General Agustín P. Justo, al liberalismo, por sus convicciones de neto corte nacional.

Respecto del nombrado General Justo, el otro jefe reconocido y prestigiado en el Ejército, se había desempeñado como Ministro de Guerra durante toda la Presidencia del Doctor Alvear y su labor durante esa gestión le significó una señalada autoridad.

---

2 Carlos Ibarguren, *La Historia que he vivido*, Dictio, pág. 130.

3 "Algunos apuntes de lo que yo vi en la preparación y realización de la de la Revolución del 6 de septiembre de 1930", Texto incorporado a la obra de José María Sarobe, *Memorias de la revolución del 6 de septiembre de 1930*, Gure, pág. 284.

4 Horacio Schillezzi, *Argentina Contemporánea. Fraude y Entrega*, Plus Ultra, Tomo I, pág. 25.

La intervención e injerencia del General Justo en el ámbito civil, consentida y aprobada por el Presidente Alvear, hizo afirmar a un autor: "Justo parecía Ministro del Interior".[5]

El reconocimiento del General Justo en el ámbito civil se afirmó también en su condición de Ingeniero Civil, título que le permitió vincularse más estrechamente con ese ámbito de la sociedad.

En cuanto a la personalidad del General Justo, esta ha merecido distintas conclusiones por parte de los autores que se han ocupado de ella. Tanto Carlos Ibarguren como Ernesto Palacio, sin desconocer sus valores intelectuales, lo consideran ideológicamente como opuesto al General Uriburu y destacan entre sus cualidades ser un político por vocación, liberal, cauteloso, maniobrero y capaz de no reparar en medios para lograr sus fines.[6]

Por su parte, autores como Rosendo Fraga y Nazar Anchorena destacan lo que consideran grandes valores del General Justo.[7]

Partiendo de la caracterización de las dos figuras más importantes de la revolución, es propio destacar el alcance y los propósitos desarrollados por los referidos jefes de ella en la preparación y el estallido de aquella.

Desde el comienzo de la actividad conspirativa, el General Uriburu se preocupó de señalar a quienes se manifestaron decididos a acompañarlo en sus propósitos revolucionarios, fueran ellos militares o civiles, que consideraba indispensable la exclusión del elemento político de la revolución que se gestaba, por cuanto ella no estaba dirigida tanto a los hombres que detentaban al poder, como de modo fundamental al sistema institucional vigente, para lo cual era indispensable la reforma de la Constitución.

---

5 Juan Cocca, *El Contubernio.*

6 Carlos Ibarguren, *Obra citada*, pág. 527; Ernesto Palacio. *Historia Argentina*, Tomo II, págs. 377-378, Peña Lillo.

7 Fraga, *El General Justo;* Nazar Anchorena, *La Presidencia del General Justo.*

La referida idea contó con la decidida adhesión de importantes figuras enroladas en el nacionalismo, entre los que se encontraban, entre otros, figuras relevantes como Leopoldo Lugones, Carlos Ibarguren, Juan P. Ramos, los hermanos Rodolfo y Julio Irazusta, Ernesto Palacio y Tomás Casares, entre otros. Precisamente, el primero de los nombrados habría de ser el redactor de la proclama o manifiesto inicial de la revolución, luego modificado por el grupo liberal que se introdujo en la revolución proyectada. Lugones, en un artículo publicado en el diario *La Nación*, decía:

> El estado actual de las cosas no tiene remedio en el comicio, pues, corrompida ya la masa electoral por los demagogos toda propaganda para conquistar su mayoría en una sobrepuja de ofertas resulta conducentes a la agravación del desorden. Para salir del obrerismo gobernante hay que caer en el socialismo, mucho peor, los grupos llamados demócratas y los conservadores entran igualmente en la sobrepuja. Sus programas pueden sustentarse en dos propósitos: más electoralismo y más comensalía parásita de la riqueza nacional. La identidad defínase con aderezos: odio al Ejército, extranjerismo, feminismo, o sea otros elementos de indisciplina y perturbación social. El único remedio es terminar con los políticos.[8]

Los conceptos transcritos tuvieron señalada influencia en un importante sector de las Fuerzas Armadas, ya decididas al derrocamiento del Gobierno del Presidente Yrigoyen.

Los mencionados integrantes del movimiento nacionalista significaron un apoyo permanente para el jefe de la revolución y al propio tiempo fueron permanentes críticos de la partidocracia liberal existente en el país. Poco antes del estallido revolucionario, Rodolfo Irazusta sostenía que el movimiento que representaba

---

8 *La Gran Argentina*, Huemul, Buenos Aires, 1962, pág. 223.

quería una república jerárquica que respondiese a la defensa de la sociedad, que los privilegiados, que entonces tenían derechos, también tuvieran deberes y que el pueblo gozase del efectivo ejercicio de sus derechos.[9]

La otra tendencia revolucionaria integrada por políticos principalmente de tendencia liberal contaba con el liderazgo del General Justo y perseguía, como luego lo logró, la caída del gobierno de Yrigoyen para imponer un gobierno democrático que respondiese a sus ideas.

Para comprender cómo se produjo, en definitiva, ese cambio de rumbo de la revolución, debemos señalar algunos acontecimientos que se fueron produciendo a partir de mediados de 1930 cuando el Teniente Coronel José María Sarobe recibió la visita de su camarada el Teniente Coronel Juan Bautista Molina, quien le propuso incorporarse al movimiento revolucionario que se estaba gestando bajo la conducción del General Uriburu e informándole al respecto sobre un cambio institucional con prescindencia de las fuerzas políticas existentes.

El propio Sarobe, en sus memorias,[10] expresa que le manifestó a su interlocutor su total acuerdo sobre el derrocamiento del Presidente Yrigoyen, así como su desacuerdo sobre la segunda parte del plan revolucionario.

Es importante señalar que el Teniente Coronel Sarobe se desempeñó como secretario del General Justo durante toda la gestión de este como Ministro de Guerra del Presidente Alvear. A partir de ello siguió manteniendo estrecha amistad y total adhesión respecto del General Justo.

En virtud de todo lo señalado, puso en conocimiento de Justo los objetivos de la revolución que se estaba gestando, expresándole también su opinión al respecto.

---

9 *El pensamiento político nacionalista,* Obligado.
10 *Obra citada.*

El General Justo, conforme expresa Sarobe,[11] coincidió también con la necesidad del derrocamiento del Presidente Yrigoyen, pero se manifestó en contra de todo cambio institucional, así como también en el retorno a la legalidad en el menor tiempo posible.

Luego de algunas reuniones llevadas a cabo entre oficiales pertenecientes al sector liderado por el General Uriburu y otros seguidores de Justo, se concretó el movimiento triunfante del 6 de septiembre de 1930. El apoyo final que hemos mencionado significó a la postre un total fracaso de los objetivos revolucionarios concebidos por el General Uriburu y el decidido grupo de nacionalistas que lo acompañó. En efecto, luego de producido el apoyo precedentemente mencionado, la conducción política de la revolución pasó a manos de los aludidos políticos que, adueñándose del gobierno, fueron concretando sus propósitos.

Como consecuencia de las frustradas intenciones de los auténticos revolucionarios, antes de cumplirse dos años de la revolución triunfante, el gobierno provisional convocó a elecciones generales, renunciando así a sus verdaderos objetivos.

A partir de la aludida decisión, los dirigentes políticos se dieron a la infatigable tarea de constituir alianzas partidarias.

El General Agustín P. Justo, que deliberadamente durante el gobierno provisional no asumió cargo alguno, surgió como el indiscutido candidato de las corrientes políticas vinculadas con el gobierno saliente. La candidatura del General Justo fue apoyada, en definitiva, por los partidos de la Unión Cívica Radical antipersonalista, el Demócrata Nacional y el Socialismo Independiente, unidos afectos bajo el rubro "Concordancia".

Para acompañar al General Justo se presentaron dos candidaturas: la del Doctor Julio A Roca (hijo), propuesto por el Partido Demócrata Nacional, y el Doctor Nicolás Matienzo, apoyado por

---

11 *Obra citada.*

el antipersonalismo. Ambas candidaturas quedaron sometidas a la decisión del Colegio Electoral.

Para oponerse al considerado oficialismo, se constituyó la denominada "Alianza Cívica", integrada por los partidos Demócrata Progresista y Socialista que consagró la fórmula Lisandro De la Torre-Nicolás Repetto.

En la lucha electoral, de la cual no participó la Unión Cívica Radical, resultó vencedor, como veremos, el General Agustín Pedro Justo, quien alcanzó así su proyectada presidencia constitucional.

A partir de la mencionada presidencia, se inicia el estudio que habremos de considerar y que culminará con la primera presidencia de Juan Domingo Perón.

El análisis histórico político de esos veinte años, entiendo, nos ayudará a comprender la realidad institucional de nuestro país y tal vez sea útil para superar algunas grietas que nos separan.

Capítulo I

Presidencia del General Agustín Pedro Justo (1932-1938)

El General Ingeniero Agustín Pedro Justo constituye un ejemplo único en nuestra historia política que, sin pertenecer a ningún partido en particular, fue elegido Presidente Constitucional. Resultó electo con el apoyo de tres partidos que, si bien eran minoritarios, respaldaron su candidatura y triunfo en las elecciones del 8 de noviembre de 1931.

Es necesario destacar, en primer término, que ese mandato contó con el decidido apoyo de las Fuerzas Armadas y el sector agrícola-ganadero, junto a los intereses económicos y financieros británicos existentes en el país, que constituían los factores de poder predominante en ese momento.

Resultó también un factor importante de su triunfo electoral la abstención de la Unión Cívica, único partido de raigambre popular, circunstancia que le permitió llevar adelante la política que contó con el apoyo mencionado.

Luego de su triunfo electoral, el General Justo se trasladó con su familia a una estancia ubicada en la localidad de Ascochinga, provincia de Córdoba, donde llevó a cabo numerosas entrevistas que le permitieron configurar el conjunto de personalidades que habrían de secundarlo en su gestión.

Regresó a la Capital el 21 de diciembre de 1931 para trasladarse luego a la ciudad de Mar del Plata, donde permaneció hasta el 7 de febrero de 1932. Allí, luego de nuevas entrevistas, terminó de elegir el gabinete ministerial que habría de acompañarlo.

El General Justo recibió el mando el 20 de febrero de 1932 e integró su gabinete ministerial con las siguientes personalidades: como Ministro del Interior fue designado el Dr. Leopoldo Melo, quien había ocupado la misma cartera durante la Presidencia del Dr. Alvear y luego fue una de las personas que condujeron al Partido Radical Antipersonalista.

Para la cartera de Relaciones Exteriores y Culto fue nombrado el Dr. Carlos Saavedra Lamas, perteneciente al Partido Demócrata Nacional (durante su gestión tuvo una relevante actuación como mediador en la Guerra del Chaco, lo que a la postre le valió ser distinguido con el Premio Nobel de la Paz).

En el Ministerio de Hacienda fue designado el Dr. Alberto Hueyo, sin filiación política determinada, pero reconocido como prestigioso abogado.

En el Ministerio de Obras Públicas fue nombrado el Dr. Manuel de Alvarado, perteneciente al Partido Demócrata Nacional, quien durante el gobierno del General Uriburu se desempeñó como interventor en la Provincia de Buenos Aires.

El Ministerio de Justicia e Instrucción Pública fue ocupado por el Dr. Manuel de Iriondo, que había desarrollado la misma cartera durante la presidencia del Dr. José Figueroa Alcorta.

Como reconocimiento por el apoyo recibido, el Ministerio de Agricultura y Ganadería fue ocupado por el Dr. Antonio Di Tomaso, importante dirigente del Partido Socialista Independiente.

Para cubrir las carteras militares, el General Justo eligió como Ministro de Guerra al Coronel, ascendido luego a General, Manuel Rodríguez, y como Ministro de Marina al Capitán de Navío, luego Contraalmirante, Pedro L. Casal.

Para una mejor y detallada exposición de la presidencia que, consideramos, resulta menester analizarla desde distintos aspectos sin ceñirnos estrictamente a su cronología.

El desarrollo social y político

Merece señalarse, a los efectos de considerar estos aspectos del gobierno del General Justo, que antes de asumir el mando, con fecha 11 de febrero de 1932, el General José Félix Uriburu dispuso indultar al expresidente Hipólito Yrigoyen, quien se hallaba detenido en la Isla Martín García.

Al producirse su arribo a Buenos Aires, el 20 de febrero de ese año, el Dr. Yrigoyen se hospedó en casa de un familiar y ello concitó una gran manifestación partidaria ante la residencia donde se encontraba el gran caudillo radical. Cuando se produjo la desconcentración, los manifestantes prolongaron la reacción masiva intentando quemar los periódicos *La Fronda* y *Última Hora*, para luego apedrear el diario *La Fronda* y el Jockey Club.

Los actos de protesta y adhesión al expresidente se prolongaron durante las jornadas subsiguientes. El día 23, la concentración tuvo por objeto recibir a los correligionarios que habían estado exiliados en Montevideo, y culminó cuando hicieron uso de la palabra Dr. Adolfo Güemes, Honorio Pueyrredon, Ricardo Rojas y Juan P. Tamborini.

Las frases pronunciadas por los oradores, lejos de ser conciliadoras, sirvieron para excitar el espíritu partidario a tal punto que, concluido el acto, los manifestantes marcharon hacia el diario *La Fronda*, ubicado en Florida y Corrientes, con el manifiesto propósito de quemarlo. Los ocupantes del diario, advertidos del referido intento, recibieron a tiros a los manifestantes, lo que produjo un saldo lamentable de aproximadamente medio centenar de muertos. De ese modo, fue evidente que el nuevo gobierno no habría de iniciarse de manera pacífica.

Juntamente con el malestar político reinante, el país atravesaba una grave crisis económica que se había desatado en 1929 y alcanzado su mayor riesgo en 1932. Tal situación, de origen internacional, había repercutido gravemente en nuestra economía con la consiguiente falta de trabajo y carencia de alimentos indispensables, con la misma intensidad tanto en las ciudades como en el campo.[1]

Al llegar la media noche, se juntaban ante el diario *La Prensa* largas filas de individuos a la espera de la edición matutina en la que se publicaban las necesidades de trabajadores y, así, los concentrados pudieran acudir a los puestos en los lugares mencionados. Corresponde señalar que la aludida demanda de trabajo era generalmente mal remunerada y de carácter temporal, y su paga consistía en un salario de dos o tres pesos diarios.

El Departamento Nacional del Trabajo, organismo estatal creado supuestamente para otorgar apoyo económico social a los trabajadores, no encaraba las medidas necesarias para cumplir con sus objetivos, limitándose a exponer la gravedad de la situación. En tal sentido, solo señalaba que en 1930 el número de trabajadores desocupados alcanzaba a 15.372. En tanto, en 1932 esa cifra era de aproximadamente 50.200.

Tal situación, en el ámbito de la Capital Federal, se reflejaba en la zona de Puerto Nuevo donde se había levantado un caserío construido con chapas y otros materiales descartados que albergaba a miles de desocupados que se alimentaban y vestían principalmente de la generosidad pública o por otros medios, muchas veces ilícitos, sin que ello paliase la grave situación. Por su parte, en las Cámaras del Congreso, solo algunos legisladores, especialmente lo de extracción socialista, reclamaban medidas efectivas para resolver o aliviar la situación de pauperismo descrita.

La falta de una significativa representación popular, que caracterizó al gobierno del General Justo, contribuyó negativamente en la opinión pública, circunstancia que alentó propósitos encaminados al derrocamiento de su gobierno. Paralelamente, la Unión Cívica Radical llevó a cabo su reorganización, impulsada por la

---

1 José María Rosa, *Historia Argentina*, Oriente, Tomo 12, pág. 16.

decisión de su rama juvenil y a despecho de la dirigencia, que quería esperar el retorno del Dr. Alvear, quien se encontraba en Europa.

Intentos Revolucionarios

En orden a lo antedicho, entre los meses de junio y julio de 1932, el ex Coronel Cattaneo, quien había sido destituido del Ejército con la pérdida del grado por la frustrada revolución que había encabezado en 1931 el coronel Pomar, se dispuso a desarrollar un nuevo movimiento contra el General Justo, que –según afirmó– contaba con el apoyo del Dr. Yrigoyen.

El objetivo final del movimiento sería destituir al Presidente de la República y entregar el Gobierno a la Corte Suprema de Justicia.

Ante las disidencias internas entre los revolucionarios, se conformaron dos juntas revolucionarias: una de carácter civil, presidida por Cattaneo, y otra militar, conducida por el Coronel Roberto Bosch. Los objetivos acordados eran los siguientes:

1. Reforma total de las Fuerzas Armadas, que incluía la suspensión de los grados superiores y ascensos que serían provistos por el personal militar de cuarteles y buques, como también de policías de comisarías.

2. Requisa de todo lo que se necesitase para alimentar al trabajador.

3. Moratoria de dos años para todas las deudas, cualquiera que fuese su origen.

4. Monopolio del Estado en el comercio exterior.

5. Revisión de los arrendamientos.

6. Instalación de juicios por jurado.

7. Monopolio de la explotación petrolera.

8. Control obrero del funcionamiento de las fábricas.

9. Reconocimiento de las asociaciones profesionales.

10. Control fiscal de las actividades financieras e industriales.

En esas circunstancias, se produjo el regreso al país del Doctor Alvear el 27 de julio de 1932.

No obstante su retorno y sin cuestionarse su autoridad, la juventud solo admitió el liderazgo y suprema jefatura de Yrigoyen quien, respecto de la revolución proyectada, sostenía que esta debía ser protagonizada por el Ejército, pero con el apoyo de todo el pueblo.

La opinión de Alvear, al respecto, era primero reorganizar el Partido desde sus bases. Por su parte, las permanentes discrepancias entre las juntas revolucionarias mencionadas postergaban el estallido de la revolución de la que el Dr. Alvear no estaba de acuerdo, ni con ninguna de las juntas ni con los planes revolucionarios mencionados, aun cuando en una reunión manifestó aceptar la creación de un triunvirato integrado por un militar, un marino y un civil.

Ante la prolongada demora revolucionaria, Atilio Cattáneo puso fecha para su estallido: el 21 de diciembre de 1932 a las 4 de la mañana.

Antes del día establecido, una circunstancia fortuita puso fin al movimiento proyectado. El día 15 del mencionado mes de diciembre, en una casa particular, se produjo una explosión provocada por el estallido de bombas de fabricación casera. Como resultado, sus moradores, al irse precipitadamente del lugar, dejaron abandonada documentación que contenía el nombre de personas encargadas de recibir y distribuir el material bélico que se encontró en el sitio.

Al producirse el allanamiento, junto con lo ya mencionado, se hallaron también planes de acción y manuales de combate. De resultas de todo ello, el Gobierno llevó a cabo un operativo que incluyó la detención del Dr. Yrigoyen, confinado luego en el crucero "25 de mayo", así como también del Dr. Alvear y los integrantes del Comité Nacional de la Unión Cívica Radical. Por su parte, frente a la situación descrita, el Congreso votó el Estado de Sitio.

El Gobierno Nacional y las Provincias

Desde el comienzo de su mandato, el Presidente Justo debió afrontar diversas situaciones que se fueron suscitando en la conducción política de algunas provincias, en su mayoría las no gobernadas por el partido oficial.

Con el propósito de considerar tal aspecto del Gobierno del General Justo, expondremos algunas de las situaciones producidas durante este:

1) Provincia de Santa Fe

En las elecciones realizadas en 1932 fue elegido Gobernador el Dr. Luciano Molinas, perteneciente al Partido Demócrata Progresista que conducía el Dr. Lisandro de la Torre. Como senadores nacionales, el nombrado jefe del partido y el Dr. Francisco Correa. Como sabemos, todos adversarios del gobierno nacional.

Fuera de la diversidad política señalada, la provincia vivió un grave conflicto institucional en 1933, suscitado por divergencias entre los ministros del Poder Ejecutivo, lo que determinó el pedido de renuncia a uno de ellos. El aludido ministro fue agasajado por un grupo importante de adherentes al Partido gobernante, entre los que se encontraba presente un Ministro de la Corte Suprema Provincial, a quien el Doctor de la Torre le pidió la renuncia por haber concurrido al referido agasajo. El funcionario judicial, lejos de acatar el pedido del líder partidario, con sólidos argumentos, se negó a renunciar.

Por su parte, la Legislatura, con amplia mayoría de miembros del Partido Demócrata Progresista, dispuso no dar acuerdo a los demás jueces propuestos si no se incluía al cuestionado. Idéntica actitud tomó el Vicegobernador y, como consecuencia de todo ello, el Dr. Lisandro de la Torre presentó su renuncia a la presidencia del partido, lo que produjo la división de este. Tal estado de cosas le dio oportunidad al Presidente Justo, quien, alegando el estado de inestabilidad política en la Provincia, la intervino, designando en el carácter de interventor al General Julio Costa.

2) Provincia de Tucumán

Luego de haber triunfado en las elecciones provinciales, el 18 de febrero de 1932, asumió la gobernación Juan Lucas Nogués líder y conductor del Partido Defensa Provincial (Bandera Blanca). Este se había constituido de un desprendimiento del Partido Conservador.

Tanto durante la campaña política como al asumir su mandato, anunció un cambio radical en la provincia que habría de consistir en la construcción de caminos y viviendas. Su ejecución produciría el fin de la pobreza y la implementación de un plan de escolaridad que beneficiaría a toda la población, el cual debía concretarse a través de impuestos a la producción azucarera.

Frente a los proyectos anunciados y los medios para realizarlos de distintas maneras y medios, tanto los partidos opositores como ciertos sectores de la sociedad local atacaron duramente los proyectos enunciados.

En el mismo sentido, la prensa, nacional y local, atacó al gobierno que, a la postre, solo fue defendido por el periódico *El Orden*, cuyo director José Luis Torres, más tarde, sería designado Ministro de Gobierno de la Provincia.

Para superar la crisis económica que afectaba a la provincia como consecuencia de las medidas anunciadas, Nogués suprimió los gastos protocolares y de representación, utilizando, para satisfacer los más necesarios, fondos de su propio peculio.

Poco dinero ingresaba en Tesorería y el recurso del impuesto a la producción azucarera pagado por adelantado se había terminado. Para superar ese problema, el gobierno logró que la Legislatura votase un adicional a dicho tributo de dos centavos por kilo.

El diario local *La Gaceta Mercantil* y los nacionales *La Nación*, *La Prensa*, *Crítica* y *La Vanguardia* atacaron con distintos argumentos el suplemento impositivo señalado y pidieron la intervención a la provincia que, en definitiva, se concretó el 9 de junio de 1934.

3) Provincia de San Juan

La provincia de San Juan era por entonces gobernada por el "cantonismo". En esas circunstancias se produjo un movimiento revolucionario el 22 de febrero de 1934, encabezado por el político Conservador Oscar Correa Arce.

El gobernador, Federico Cantoni, decidió resistir atrincherándose en la Casa de Gobierno, por lo que resultó gravemente herido en el enfrentamiento.

Frente al referido suceso, el Poder Ejecutivo Nacional dispuso la intervención a la provincia, designando interventor a un miembro del conservadurismo integrante de la concordancia.

Como puede advertirse, la conducción política del país se desarrollaba al margen de la proclamada democracia prometida por el Presidente Justo al asumir su mandato.

Es interesante señalar al respecto que, luego del fallecimiento del Doctor Hipólito Yrigoyen, ocurrido el 3 de julio de 1933, el Partido Radical, en el ámbito interno, mostraba una doble posición respecto del gobierno. Por un lado, y en particular, su dirigencia se mostraba legalista, mientras que la masa partidaria, en especial la juventud, tenía una decidida actitud revolucionaria.

En tal sentido, tanto Marcelo T. de Alvear como Ricardo Rojas, sobre todo el primero, en su carácter de presidente del partido, eran los principales referentes de la tendencia legalista, rechazando toda suerte de conducta revolucionaria por cuanto mantenían la convicción de que el Partido Radical representaba a la mayoría de la ciudadanía que en las futuras elecciones nacionales obtendría un seguro triunfo.

Lejos de esa posición, Atilio Cattáneo, detenido en la Penitenciaría Nacional, continuaba complotando para derribar al gobierno.

El plan militar era encabezado por el Coronel Francisco Bosch quien fijó como fecha para el estallido revolucionario el 29 de diciembre de 1933 a las dos de la mañana, y debía producirse simultáneamente en varios puntos del país.

El ex Coronel Pomar, según constaba en los planes revolucionarios, contaba con 80 adherentes en la localidad de San Borja, Brasil, con los que cruzaría a Santo Tomé, donde tomaría por asalto la guarnición militar allí existente.

Por su parte, Roberto Bosch, junto con otros complotados, cruzaría de Uruguayana a Paso de los Libres, y, por último, su hermano, Francisco Bosch, levantaría los regimientos de caballería existentes en Ciudadela, y al frente de los mismos marcharía sobre la Ciudad de Buenos Aires.

Juntamente con lo descrito, estallarían movimientos populares en Buenos Aires, Rosario, Santa Fe y otras provincias.

El referido intento revolucionario concluyó en un nuevo fracaso, dado que los pasos proyectados resultaron un total fiasco. Este intento frustrado dio oportunidad al gobierno nacional a implantar el estado de sitio mediante un decreto del 30 de diciembre de 1934.

Los procesos electorales

Dentro de los acontecimientos políticos desarrollados durante la presidencia del General Justo, no pueden dejar de considerarse cómo se desarrollaron los procesos electorales.

Merece, por su importancia, tener en cuenta en primer término el caso de la Provincia de Buenos Aires. Gobernada por el Doctor Federico Martínez de Hoz, importante hacendado, y a la sazón presidente de la Sociedad Rural, quien, dada su condición social y señalada actividad, sentía rechazo por la actividad política. De resultas de lo cual se transformó en mero espectador de las rencillas suscitadas desde el comienzo de su mandato en el seno del partido gobernante, ya que solo detentaba la conducción formal de la provincia, en tanto el ejercicio real del poder era ejercido por el Ministro de Gobierno, Dr. Rodolfo Moreno, quien era una importante y activa figura del Partido Demócrata Nacional.

No obstante la referida situación, el Doctor Martínez de Hoz no aceptó la implementación de ciertas prácticas fraudulentas que la conducción política ponía en práctica.

La referida posición del mandatario determinó un acuerdo celebrado entre el Dr. Moreno y el Ministro del Interior, el Doctor Leopoldo Melo, en virtud del cual se llevaría a cabo una revolución interna en el partido que desplazaría al gobernador, para de ese modo posibilitar el procedimiento electoral impulsado por el Ministro de Gobierno.

Con el propósito referido, el día 7 de febrero de 1935, se le retiró la custodia del despacho del gobernador y en su lugar se instaló un grupo de individuos procedentes del Partido de Avellaneda, quienes habían irrumpido en el citado despacho portando armas, con el fin de obtener la renuncia del Gobernador.

De conformidad con el plan trazado, la Legislatura se apresuró a aceptar la renuncia, para luego tomar juramento al Vice Gobernador. El Presidente Justo desautorizó el acontecimiento y dispuso la reposición en el cargo del Dr. Martínez de Hoz. Frente a esta medida, la Legislatura dispuso el juicio político al gobernador, suspendiéndolo en sus funciones.

Ante la gravedad de los hechos, el Poder Ejecutivo intervino la provincia, con lo que se logró el objetivo perseguido y acordado con el Ministro del Interior y se abrió la posibilidad de una elección fraudulenta, dirigida y organizada por el Dr. Rodolfo Moreno.

La Unión Cívica Radical, cuya conducción había levantado la abstención, concurrió a las referidas elecciones con una fórmula integrada por los doctores Honorio Pueyrredón y Mario Guido –los mismos que habían participado de la elección de 1931–, en tanto el Partido Demócrata Nacional sostuvo la candidatura del Dr. Manuel Fresco, quien obtuvo el triunfo mediante la realización de un acto electoral fraudulento.

El referido método consistió en lo siguiente:

1. Reunido el comicio, los presidentes de mesa, particularmente en las zonas rurales, y todos los fiscales pertenecían al Partido Demócrata Nacional

2. Se impedía a los fiscales de la U.C.R. controlar el acto eleccionario.

3. Las autoridades de los fiscales oficialistas volcaban el Padrón.

4. Ante la afluencia de ciudadanos opositores se les impedía votar.

De resultas de esos procedimientos, la fórmula del Partido Demócrata Nacional obtuvo 100.000 votos más que la de la U.C.R.

La Provincia de Santa Fe resultó una vez más el centro de las maniobras políticas del gobierno nacional, cuando se rechazó en el Senado Nacional la designación de Gregorio Parera en reemplazo del Senador Enzo Bordabere, quien fuera asesinado en pleno recinto en una circunstancia de la que más adelante nos ocuparemos.

El fundamento del aludido rechazo consistió en que había sido designado conforme lo establecido por la Constitución Provincial de 1921, que fuera declarada nula.

Debido a ello, el Senado decidió intervenir la provincia, pese a que el propio Parera renunció a su banca. No obstante, la medida no se concretó por cuanto el órgano parlamentario no contó con el quorum necesario.

Frente a la imposibilidad señalada, el Poder Ejecutivo, el 21 de octubre de 1936, dictó un decreto disponiendo la intervención y designando para el cargo de interventor al Dr. Manuel Alvarado.

Una actitud distinta adoptó el partido Conservador en la Provincia de Córdoba por entender que contaba con la mayoría suficiente para imponerse en las elecciones a gobernador. Así que, para esa elección, el partido presentó la fórmula integrada por el Dr. Antonio Aguirre Cámara-Luis Alonso. Por su parte, la U.C.R. presentó su fórmula integrada por el Dr. Amadeo Sabattini-Alejandro Gallardo. Las elecciones tuvieron lugar los días 3 y 12 de noviembre de 1936 y, pese a lo previsto, el triunfo correspondió a la fórmula radical que obtuvo 109.687 votos contra 104.067 de la oficialista.

Política económica

Durante todo el gobierno que nos ocupa, tanto el campo como la industria, la energía y el transporte en general estuvieron dirigidos y orientados por los intereses internacionales y en particular por Gran Bretaña.

Para explicar las aseveraciones precedentes, debemos efectuar algunas consideraciones respecto de la situación por la que atravesaba Inglaterra a comienzos de la década del treinta y luego de producirse el triunfo electoral del Partido Laborista en ese país.

En el mes de diciembre de 1930, se elaboró el Estatuto de Westminster, aprobado por el Parlamento en el año siguiente, en virtud del cual se creó la Comunidad Británica de Naciones. Como consecuencia de este, los países integrantes de la comunidad reclamaron se les concediese una retribución apreciable por pertenecer a ella y como resultado de ello, en 1932, se reunieron los delegados del Imperio en Otawa.

En la referida Conferencia, se dispuso que el Imperio Británico debía priorizar sus compras en los dominios y excluir a los extranjeros. El problema más importante que esa decisión generaba era la adquisición de la "carne enfriada", preferida por la población británica, la que, dada la distancia que separaba al Imperio de sus dominios, estos no podían satisfacer.

Ante el problema que el Pacto de Otawa nos significaba, nuestro Ministro de Relaciones Exteriores, Doctor Carlos Saavedra Lamas, alentó una misión a Inglaterra para negociar el futuro de las exportaciones de nuestra carne al referido país. A modo de excusa política, para ello, se utilizó como motivo la devolución de atenciones por la visita que había realizado al país el Príncipe de Gales y para responder y guardar el protocolo diplomático se dispuso que la misión fuese presidida por el Vicepresidente de la Nación, el doctor Julio A. Roca (h).

La comisión que acompañó al Dr. Roca la integraban Guillermo Leguizamón, abogado vinculado a intereses británicos; Raul Prebisch, economista; Miguel Ángel Cárcano, hacendado con grandes vinculaciones en Inglaterra y a la sazón Diputado Nacional.

Dos de los nombrados, Guillermo Leguizamón y Julio A. Roca (h), declararon públicamente su estrecho vínculo con Inglaterra y el último expresó que la República Argentina era parte integrante del Imperio Británico.

El tratado que se suscribió –verdadero motivo de la embajada– se denominó "Roca-Runciman", respondiendo al apellido de los firmantes. Aseguraba una cuota anual de carne enfriada de 390.000 toneladas que nuestro país entregaría a Inglaterra, y significó una infame nueva entrega de nuestra soberanía económica en favor de los intereses británicos

Julio y Rodolfo Irazusta han señalado con acierto la realidad de la misión Roca en su Libro *La Argentina y el Imperialismo Británico*.[2] En un pasaje de esa obra dicen de los mencionados nego-

---

2 *Obra citada.*

ciadores: *"Intimados era difícil que usáramos la intimidación como arma diplomática".*

La amenaza de libre cambio imperial no podía ser contrarrestada por nosotros, sino con amenazas inversas de proteccionismo, de nacionalismo económico. Así, una ley de transportes, un régimen de combustibles, un plan de transformación de la economía nacional, con el anuncio de un posible monopolio oficial de elaboración de carne exportable y un decidido proteccionismo a la manufactura argentina. A las restricciones de Otawa había que responder con la amenaza de transformar la economía nacional.

Es difícil que la historia diplomática registre nada semejante al caso de estos embajadores que, desdeñando hablar del país que representaban, se dedicaron exclusivamente al elogio del país con cuyos representantes debían negociar sus intereses muy contrapuestos, de tal modo que en esa negociación angloargentina todos parecían ingleses y no argentinos.[3]

Del contenido del tratado se desprendían claros beneficios para los frigoríficos de capitales ingleses instalados en nuestro país. Así se estipulaba:

1. Solo se permitía a los frigoríficos de capital argentino exportar una cuota del 15 % de la cuota total convenida.
2. Las cooperativas, siempre que no percibieran beneficios privados, serían incluidas dentro del aludido beneficio.
3. El beneficio precedente se aplicaría siempre y cuando los embarques se hagan mediante buques ingleses.
4. Si por cualquier circunstancia fortuita surgiera alguna dificultad o se acelerase el envió de carne congelada procedente de los dominios británicos, se disminuiría la cuota convenida en el tratado.
5. El control de cambio existente en nuestro país, establecido durante el gobierno del General Uriburu, no podría perju-

---

3 *Obra citada*, págs. 12, 13 y 15.

dicar a la libra esterlina en beneficio del peso argentino. Se establecía que no habría control para aquella.

El convenio fue aprobado sin inconvenientes en el Parlamento Británico. Por el contrario, sí los hubo en el Parlamento de nuestro país.

En la Cámara de Diputados existió una débil objeción por parte de la bancada socialista; en cambio, en el Senado, Lisandro de la Torre hizo una magnífica defensa del proteccionismo al expresar:

> Alguna explicación habrá que buscar ante el hecho enorme de que en la Argentina podrán trabajar persiguiendo lucro privado las empresas extranjeras, y no lo podrán las empresas nacionales. El informante decía ayer: "el gobierno inglés quiere", y eso que el gobierno inglés quiere o no quiere, se refiere a cosas que pertenecen a la República Argentina y deberán ejecutarse por el gobierno argentino. El gobierno inglés dice: le permito que fomente la organización de los frigoríficos cooperativos y no le permito que fomente la organización de compañías individuales que le hagan competencia a los frigoríficos extranjeros. Estas condiciones no podrían decirse que la Argentina se haya convertido en un dominio británico, porque Inglaterra no se tomó la libertad de imponer a los dominios británicos semejantes humillaciones. Los dominios británicos tienen cada uno su cuota y la administran ellos. La Argentina es la que no podrá administrar su cuota. Lo podrá hacer Nueva Zelanda, lo podrá hacer Australia, lo podrá hacer Canadá, lo podrá hacer hasta África del sur. Inglaterra tiene respeto a esas comunidades de personalidad internacional restringida que forman parte del Imperio, más respeto que por el gobierno argentino. No sé si después de eso podemos seguir diciendo ¡Al gran Pueblo Argentino, Salud![4]

---

4 *Obras completas de Lisandro de la Torre*, Hemisferio, 1932, Tomo II, pág. 29.

Debate memorable

En la sesión del Senado del 1º de septiembre de 1834, el Senador Lisandro de la Torre pidió al cuerpo se investigasen los precios pagados a los frigoríficos y el monto de sus ganancias. La iniciativa se fundaba en informes sobre preferencias otorgadas a personas pertenecientes o vinculadas con el partido gobernante. De resultas de ese requerimiento se dispuso una investigación, llevada a cabo con meticulosidad y verdadero patriotismo por parte de De la Torre y contadores designados por el Senado con la colaboración de trabajadores portuarios. Estos últimos denunciaron que los frigoríficos habían ocultado las planillas de costos en el cargamento de carne enfriada en barco próximo a partir para Gran Bretaña.

De la Torre pidió al Senado la designación de una comisión cuya misión consistiría en la forma como adquirían la carne los frigoríficos; examinar los precios pagados por ello y el monto de las ganancias obtenidas. La comisión requerida fue integrada por el propio De la Torre, Laureano Landaburu y Carlos Serrey.

En el mes de junio del año 1935, la comisión concluyó la investigación y se produjeron dos despachos diferentes. El primero, suscripto por los senadores Landaburu y Serrey expresaba que el pool frigorífico seleccionaba a su solo arbitrio:

a. La cuota exportable.

b. Abonaban los precios que querían a los hacendados.

c. Las ganancias que obtenían eran excesivas y exorbitantes.

d. Los manejos de la contabilidad significaban verdaderos delitos en perjuicio del Estado.

e. La actitud de los frigoríficos, especialmente el "Anglo", ha sido obstruccionista y merecía una sanción.

f. Proponían una ley contable con participación de contadores fiscales.

g. La clasificación de los vendedores de carne y la fijación de precios a cargo del Estado.

El despacho del senador De la Torre se limitaba a demostrar la conducta del *pool* exportador que había comprado vacunos al Ministro de Agricultura y a otros estancieros a mejor precio que a otros productores. En realidad, el despacho era una acusación personal a un ministro del Poder Ejecutivo.

Durante la interpelación al mencionado ministro, este desarrolló una extensa exposición de contenido puramente técnico. Lejos de resultar satisfactorio para De la Torre, el contenido del discurso del ministro Duhau generó la réplica de aquel y un encendido debate del que participó el Ministro de Hacienda, Federico Pinedo, presente en la sesión.

La gravedad del enfrentamiento culminó con agravios verbales recíprocos y amagos de enfrentamiento físico que concluyeron con el asesinato del senador Enzo Bordabere a manos de un sicario, cuya agresión tenía por destinatario a Lisandro De la Torre.

El episodio descrito y su grave culminación generó la reacción del Ministro del Interior, Leopoldo Melo, quien requirió que el Presidente Justo pidiese la renuncia de los ministros involucrados en el lamentable incidente, lo que este apoyó y obtuvo.

La actitud del frigorífico Anglo puesta de manifiesto a través de la referida investigación determinó al Ministro de Relaciones Exteriores, Dr. Carlos Saavedra Lamas, a gestionar algunas modificaciones al Tratado Roca-Runciman que habrían de producirse en 1936.

Como resultado de la aludida gestión, se celebró el convenio Malbrán-Eden, por el que se acordó un adicional a la cuota de carne enfriada; el nuevo convenio habría de regir hasta 1948.

Política financiera

Como se ha señalado, el Ministro de Hacienda, designado por el Presidente Justo al iniciar su gobierno, fue el doctor Alberto Hueyo.

Dada la situación de crisis por la que atravesaba el país, la política financiera adoptada por el aludido ministro consistió en restricciones en el gasto público, reducción de sueldos del personal administrativo, emisión de un empréstito interno y la creación de un Banco Central que controlase los bancos extranjeros.

Ante la grave situación de dependencia que atravesaba el país y la ineficacia de la política expuesta, se produjo la renuncia del Dr. Alberto Hueyo en 1933, nombrándose en su reemplazo al Dr. Federico Pinedo.

El nombrado ministro convocó al vicegobernador del Banco de Inglaterra, sir Otto Niemeyer, quien arribó a Buenos Aires con el fin de ordenar nuestro sistema bancario mediante la creación de un requerido Banco Central.

El ministro Pinedo reconoció haber copiado la redacción, de manera literal, del proyecto presentado por el aludido enviado.

Conforme con el aludido proyecto, el Banco se comportaría como defensor de los intereses anglo-criollos y sería, en adelante, y hasta 1946, el dueño del crédito y la moneda.

El proyecto fue demorado para su consideración hasta 1935 y ese año el Congreso Nacional fue convocado a sesiones extraordinarias durante las cuales los proyectos se sancionaron y se convirtieron en leyes, el 23 de marzo de 1935.

Ellas fueron las siguientes:

– 12.155 - Ley de Creación del Banco Central.

– 12.156 - Ley de Regulación de Bancos

– 12.157 - Instituto Movilizador de Inversiones Bancarias

– 12.158 - Modificación de la Ley Orgánica del Banco Nación

– 12.159 - Modificación de la Ley Orgánica del Banco Hipotecario

– 12.160 - Ley Orgánica del Banco Central

El Banco Central

La creación del Banco Central determinó la sustitución de la Caja de Conversión. En realidad, el Banco solo sería argentino de nombre, pues estaría gobernado por un directorio en el que prevalecerían representantes de capital extranjero. Tendría la facultad de emitir moneda y efectuar préstamos a los bancos particulares. Formalmente, se constituyó como sociedad mixta integrada por el Estado y los bancos particulares, con un capital nominal de treinta millones de pesos, moneda nacional.

Resulta propio transcribir la opinión del doctor Carlos Ibarguren, quien en la época de la creación del Banco Central se desempeñaba como abogado asesor del Banco de la Nación Argentina y con relación a esta institución bancaria expresó:

> ...sin las facultades y los medios para actuar como regulador, había suplido y suplía con su acción eficiente a un banco central y atenuó los males de la inflación y más tarde los de la rápida deflación, si desempeño las funciones de un banco central de reserva sin la estructura pertinente, la lógica era investirlo de esa función organizando adecuadamente un departamento especial, en vez de crear un banco nuevo como el propuesto por el señor Numeyer, que no era parte integrante del Estado, banco basado en planes ajenos a nuestro medio y que era fruto de visiones extranjeras en la organización de su gobierno.[5]

---

5 Carlos Ibarguren, *La historia que he vivido*, Dictio.

La Corporación de Transportes Obligado

El transporte automotor significaba un peligro para la rentabilidad de los ferrocarriles ingleses y solo resultaban convenientes a sus intereses los tranvías, por cuanto casi todas las líneas fueron monopolizadas por empresas británicas. Asimismo, los subterráneos eran propiedad de las empresas tranviarias. Solo las líneas de colectivos, desde sus orígenes, resultaron una exitosa inversión privada de origen argentino.

En cumplimiento del Pacto Roca-Runciman, el gobierno nombró una comisión que estudiase la coordinación del transporte, la que estaría integrada por los abogados de las empresas ferroviarias.

Constituida, esta proyectó la coordinación del transporte. En virtud de ello, tranvías y colectivos dependerían de una empresa común cuyo capital estaría formado por el valor del material que cada uno aportara, lo que significaba: 95 % las empresas tranviarias y 5 % colectivos y ómnibus.

Se trataron en el Congreso Nacional dos proyectos de ley. Por un lado, se creaba la Corporación de Transporte que habría de dirigir todos aquellos de la Capital y, por otro, una Comisión que expropiaría, a favor de las empresas ferroviarias, los automotores de pasajeros y de carga nacionales.

El movimiento radical de FORJA denunció el atropello que lo referido significaba y, por su parte, la Liga Republicana empapeló las cercanías del Congreso, cuyo contenido era una parodia de la Marcha de San Lorenzo.

La Compañía Argentina de Electricidad (CADE)

Para una mejor consideración del tema corresponde reseñar el origen y desarrollo del suministro de la energía eléctrica en nuestro país.

En 1893, la Compañía Anglo-Argentina de Tranvías no solo producía energía eléctrica para sus móviles de transporte, sino también para el consumo de la población.

En 1901, la empresa Compañía Alemana de Electricidad (CATE), que también suministraba energía eléctrica en nuestro país, dejó de hacerlo luego de su derrota en la Primera Guerra Mundial, traspasando sus acciones a la Compañía Hispano Argentina de Electricidad (CHADE). Y, en 1921, para el suministro industrial, surgió la Italo Argentina de Electricidad.

A comienzo del gobierno que estamos analizando, las ganancias de la CHADE alcanzaban una cifra superior a los novecientos millones de pesos moneda nacional.

Debido a las exorbitantes ganancias para la época, en el año 1932, el Consejo Deliberante de la Capital nombró una Comisión de Asuntos Eléctricos presidida por el Concejal Germinal Rodríguez del Partido Socialista Independiente, e integrada por concejales de todos los partidos, con el fin de investigar el funcionamiento de la referida sociedad. La aludida Comisión se expidió el 6 de octubre de 1933.

El presidente de esta, al informar sobre las conclusiones, afirmó: *"Estamos ante un monopolio que saquea nuestro presente e hipoteca nuestro porvenir"*, y en virtud de ello proponía que se ajustasen las tarifas y se investigase lo cobrado indebidamente.

Pese a que el organismo quedó en tratar ese pedido el día 20 de ese mes, sorpresivamente la referida Comisión el día 19 retiró el informe mencionado y el cuerpo designó una nueva Comisión de cinco miembros, integrada por el Dr. Clodomiro Zavalía, decano de la Facultad de Derecho; el ingeniero Enrique Buti, decano de la Facultad de Ingeniería; Enrique Urien, decano de Ciencias Económicas; un representante de la CHADE; un representante del Intendente de la Capital, y en lugar de la requerida investigación se dispone el llevar a cabo una conciliación.

La medida fue aplaudida por la llamada prensa libre, la Bolsa de Comercio, la Confederación Argentina de Comercio y la Producción y la Unión Industrial, que adhirieron al progresista capital extranjero.

La referida comisión se expidió desestimando los cargos contra la CHADE y proyectó un convenio beneficiando a la empresa, el que no pudo concretarse porque el Intendente Municipal, Dr. Mariano de Vedia y Mitre, lo vetó. No obstante, la referida concesión habría de ser considerada nuevamente en 1936.

El 20 de junio del referido año, llegó a Buenos Aires una persona registrada en migraciones como Daniel Heineman de profesión ingeniero, proveniente de Bruselas, que se desempeñaba en esa ciudad como presidente de SOFINA. Su objetivo consistía en obtener la aprobación de la Coordinación de Transporte y una prórroga por mayor tiempo a la CHADE.

En esas circunstancias lo sorprende el estallido de la Guerra Civil en España lo que torna impropio y dificultoso la radicación de la CHADE en Barcelona, transformándose la empresa en CADE (Compañía Argentina de Electricidad), dictándose, en consecuencia, la ordenanza correspondiente al cambio de nombre. Asimismo, el mencionado enviado obtuvo que se liberase de impuesto a la compañía por el término de cinco años en caso de transferencia de inmuebles o muebles y concesiones entre la sociedad extranjera y otras constituidas o a constituirse en el país. Además, obtuvo que tal privilegio se incluyese en la ley de presupuesto.

Corresponde también señalar que, por iniciativa de la bancada Radical en el Consejo Deliberante, se extendió la concesión de la CADE hasta 1998.

La aludida ordenanza de prórroga fue el resultado de una "coima" que recibieron concejales pertenecientes a la Unión Cívica Radical y a la ulterior extraña benevolencia del doctor Marcelo T.

de Alvear, a quien el pool eléctrico le financió la candidatura presidencial y la construcción de la casa partidaria ubicada en la calle Tucumán de la Ciudad de Buenos Aires.

La política económica desarrollada por el gobierno del Presidente Justo fue la más acabada expresión de nuestro coloniaje y en gran medida fue continuada por los gobiernos que le sucedieron hasta 1943 y que, con acierto, los denominó José Luis Torres "La década infame".[6]

Como hemos señalado, constituyeron ejemplo de ello el Tratado Roca-Runciman la creación del Banco Central, el suministro de energía eléctrica y la Corporación de Transportes. Tan lamentables políticas se llevaron a cabo a espaldas del pueblo y para ello fueron aliadas la educación, la prensa y, en particular, la enseñanza de la historia.

No obstante, a inicios del siglo XX comenzó a madurar una conciencia nacional a través de figuras que fueron denunciando esa política colonialista. Fueron ejemplo de ello los hermanos Rodolfo y Julio Irazusta.[7]

Leopoldo Lugones fue el creador de la denominada "Guardia Nacionalista" y el autor de una proclama leída el 12 de agosto de 1933 en el aniversario de la Reconquista y transcripta en el citado:[8]

> Fracasado en el mundo entero el liberalismo que determinó y hasta hoy condiciona nuestro sistema económico y constitucional, este desenlace histórico impone una reorganización perentoria, cuanto más nos retardemos más humillante y nocivo nos resultará su incontenible arrastre. Cada Nación procura atenerse

---

6 *Apuntes Históricos para el estudio del presente político*, Freelan, Buenos Aires, 1973.

7 Rodolfo y Julio Irazusta, *La Argentina y el Imperialismo Británico*; Leopoldo Lugones, *El Estado Equitativo* y Federico Ibarguren, *Origen del Nacionalismo Argentino*.

8 Federico Ibarguren, *Origen del Nacionalismo Argentino*.

a lo propio y no entrar sino con ella misma hasta donde le es posible. La merma y desorganización reciente del comercio internacional que nada puede contener, y la amenaza cada vez mayor de las sectas sin patria, han promovido esta reacción que el nuestro experimenta con doble intensidad por haber sufrido más que ninguna la degeneración extranjerista del liberalismo. Hemos vivido hasta hoy de afuera para adentro. Nuestras ideas, costumbres, leyes y hasta sentimientos han sido artículos de importación. El comercio extranjero ha dominado todo, inclusive nuestra moral que por eso es tan baja y tan confusa. No tenemos propio más que la existencia y esta misma es la de una colonia bajo la economía libera.[9]

Otro centro de resistencia a la corriente liberal imperante y al sometimiento a los intereses extranjeros lo constituyó un grupo perteneciente a la juventud Radical que se fundó el 29 de junio de 1935 en un sótano ubicado en la calle Corrientes, casi esquina Callao, de la Ciudad de Buenos Aires, que se denominó "Fuerza de Organización Radical de la Joven Argentina" y que fue conocida por la sigla "FORJA". Fue designado Presidente de la entidad Luis Dellepeiane y, Vicepresidente, Arturo Jauretche.

El Manifiesto constitutivo decía:

Somos una Argentina colonial, queremos ser una Argentina libre. El proceso histórico argentino en particular, y latinoamericano en general, revela la existencia de una lucha del pueblo en procura de su soberanía popular para la realización de los fines emancipadores de la revolución americana, contra las oligarquías como agente de los imperialismos en su penetración económica, política y colonial. La Unión Cívica Radical ha sido, desde su origen, la fuerza continuadora de esa lucha por el imperio de la soberanía popular y la realización de sus fines emancipadores. El actual recrudecimiento de los obstáculos opuestos al ejercicio de

---

9 *Obra citada*, págs. 125 y 126.

la voluntad corresponde a una mayor agudización de la realidad colonial, económica y cultural del país.

El Manifiesto citado concluía diciendo:

Por el radicalismo a la soberanía popular. Por la soberanía popular a la soberanía nacional. Por la soberanía Nacional a la emancipación del pueblo argentino.

Esas banderas, como veremos, habrían de ser recogidas luego de la revolución del 4 de junio de 1943 por el movimiento liderado y conducido por Juan Domingo Perón.

Sucesión presidencial

El mandato presidencial del General Justo, conforme con lo prescripto por la Constitución, concluía el 12 de octubre de 1938, día en que habría de asumir su sucesor constitucional.

Hemos expuesto la forma como se desarrolló políticamente su gobierno y ahora expondremos su accionar para elegir a su sucesor. Su primer candidato para sucederle fue su ministro de Guerra, General Manuel Rodríguez, quien tenía gran prestigio en el Ejército y era hombre de toda su confianza. Lamentablemente, Rodríguez falleció en 1936. Ello significó para Justo un problema, dado que debía encontrar la figura que lo sucediera y que le diera la posibilidad de un futuro segundo mandato.

La elección, a su juicio, se centró en el ministro del Interior, Dr. Leopoldo Melo, y el ministro de Hacienda, Dr. Roberto M. Ortiz. Su decisión se inclinó por la última persona mencionada. La consecuencia de esa decisión fue la renuncia del Dr. Melo.

La decisión del Presidente de designar como candidato a la presidencia a un radical antipersonalista determinó que el candidato a la vicepresidencia recayera en una figura del Partido Demócrata

Nacional y en tal sentido fue designado el Dr. Ramón S. Castillo, a la sazón ministro de Agricultura y Profesor titular de Derecho Comercial en la Facultad de Derecho y Ciencias Sociales de la Universidad de Buenos Aires.

La proclamación de la fórmula oficialista se demoró al ser conocida por Justo la afección de una permanente diabetes que padecía el Dr. Ortiz. No obstante, los médicos que lo asistían negaron la gravedad de esta.

Incidió en la proclamación de la candidatura de Ortiz lo manifestado por W. A. Mac Cullen, presidente de la Cámara de Comercio Británica, quien diría al ofrecerle el banquete de la colectividad en el Plaza Hotel: "*No nos puede sorprender que los ojos de la Argentina se vuelvan en estos momentos hacia el doctor Ortiz en busca de un hombre de gobierno experimentado y vigoroso*". Agregando por cuanto era apreciado por la colonia británica "*tan enlazada financiera y económicamente a nuestro país*".[10]

No resultó extraño ni sorpresivo el elogio precedente, por cuanto el doctor Roberto M. Ortiz se había desempeñado como abogado de las empresas ferroviarias británicas y de muchas otras empresas de capitales ingleses. Las palabras del homenajeado constituyeron una ratificación de todo lo precedente al afirmar:

> Comparto en toda la opinión de que la Argentina tiene con vuestra patria enlaces financieros y obligaciones tan importantes como muchas de las obligaciones que existen entre la metrópoli y diversos países del Imperio.

La Unión Cívica Radical, que había levantado su abstención electoral, integró su fórmula electoral con los doctores Marcelo de Alvear-Enrique Mosca.

---

10 J. M. Rosa, *Historia Argentina*, Oriente, Tomo 12, pág. 175.

Las elecciones presidenciales se llevaron a cabo en todo el país el 5 de septiembre de 1937. El proceso electoral se caracterizó, pese a la promesa presidencial, por el fraude generalizado, con la sola excepción de Córdoba, Tucumán, La Rioja y Capital.

En las referidas provincias y en la Capital triunfó la formula Alvear-Mosca. El resultado final arrojó 1.100.00 votos a favor de Ortiz-Castillo, contra 815.000 de Alvear-Mosca.

Capítulo II

Presidencias de los Dres. Roberto M. Ortiz y Ramón S. Castillo (1938-1943)

El General Agustín P. Justo transmitió el mando a su sucesor el 20 de febrero de 1938.

El doctor Ortiz conformó su gabinete ministerial con las siguientes personas, todas ellas reconocidas en distintos ámbitos de la sociedad:

Para la cartera de Interior, designó al doctor Diógenes Taboada de filiación antipersonalista.

En el Ministerio de Relaciones Exteriores y Culto al doctor José María Cantilo, de profesión diplomático.

En el Ministerio de Hacienda, al doctor Pedro Groppo, de estrecho vínculo con el caudillo conservador Barceló.

Para el Ministerio de Justicia e Instrucción Pública al doctor Jorge Eduardo Coll exjuez y profesor universitario, sin antecedentes políticos.

Como Ministro de Guerra fue designado el General de Brigada Carlos Márquez.

Ministro de Marina, el Contralmirante León Scasso.

Como ministro de Agricultura, José Padilla, perteneciente al partido Demócrata Nacional, vinculado a la industria azucarera de la Provincia de Tucumán.

Por último, en el Ministerio de Obras Públicas designó a Manuel de Alvarado, perteneciente al Partido Demócrata Nacional de

Salta, exministro del General Justo e interventor en la Provincia de Santa Fe.

Si bien lo hemos mencionado en el capítulo anterior, cabe recordar que el doctor Ortiz era de origen radical y se había desempeñado como ministro en el gabinete del Dr. Marcelo T. de Alvear y que encabezó, junto a los doctores Leopoldo Melo y Vicente Gallo, la creación de la Unión Cívica Radical Anti Personalista.

Dada su formación, marcadamente liberal, apoyaba a los aliados, Gran Bretaña y Estados Unidos de Norteamérica, en su enfrentamiento con los países del Eje.

Ortiz y las Fuerzas Armadas

Su presidencia se caracterizó por su estrecha relación con las Fuerzas Armadas a las que benefició y apoyó desde el inicio de su mandato. En el mes de junio de 1938, amplió en diez millones el presupuesto militar que había sido votado por el Congreso en noventa y siete millones. Dio al Ejército un importante subsidio para la adquisición del Palacio Paz, que sería luego la sede del Círculo Militar. Formuló un plan de compras de material bélico en el exterior. En la referida política, contó con el permanente apoyo del Ministro de Guerra, General Márquez, de reconocida capacidad profesional. El Presidente ratificó su conducta asistiendo a todo acto o ejercicio castrense.

Constituyó una única dificultad en su relación con el Ejército la actitud del General Juan Bautista Molina a quien en última instancia declaró en disponibilidad. No obstante, el General Molina siguió presidiendo el Círculo Militar, que bajo su dirección alcanzó un alto grado de representación patriótica y conducta moral en sus asociados.

Situación política existente al asumir el Doctor Ortiz

En el mes de marzo de 1938, se realizaron elecciones de renovación legislativa y en las que las prácticas fraudulentas mantuvieron su vigencia, con la sola excepción de las realizadas en la Provincia de San Juan donde el encarnizado enfrentamiento del partido Conservador gobernante y el catonismo opositor determinaron la intervención nacional a ese Estado.

En otro orden de cosas, pero de particular gravedad, tanto el Partido Radical como el Partido Demócrata Nacional no lograban convocar ni interesar a la juventud, que solo se expresaba en la universidad volcándose al comunismo o nacionalismo. Particularmente, estos últimos manifestaban su decidido apoyo al General Francisco Franco o al Falangismo en la Guerra Civil desatada en España. Asimismo, estos y los integrantes de la agrupación FORJA se preocupaban por los problemas del país sobre toda manifestación partidaria.

En lo que respecta a los comunistas, se inclinaban según inclinase su actitud la Unión Soviética.

Pronunciamiento contra el fraude

Con el propósito de dar cumplimiento a su promesa electoral de terminar con el fraude, el doctor Ortiz, frente a la reiteración de esa práctica, puso en marcha la referida promesa.

1.- Intervención a Catamarca

En el mes de diciembre de 1939, debían elegirse electores para designar nuevo gobernador.

Gobernaba la provincia el Partido Conservador y el ministro del Interior, doctor Taboada, transmitió el pedido del Presidente de que las elecciones se realizaran en el marco de la debida legalidad.

No obstante, estas se llevaron a cabo con prácticas fraudulentas.

Como esas elecciones fueron protestadas por la Unión Cívica Radical y pese a ello el Gobernador las aprobó, el Poder Ejecutivo Nacional intervino la Provincia designando interventor al General Rodolfo Martínez Pita, con instrucción de anular las elecciones y de que presidiese un nuevo acto electoral con total legalidad, las que se llevaron a cabo el 20 de febrero de 1940.

2.- *Elecciones en la Provincia de Buenos Aires*

El Gobernador de la Provincia, doctor Fresco, era mirado con recelo por sus propios correligionarios por sus actitudes autoritarias y de apoyo al régimen fascista, así como también por público repudio a la Ley Sáenz Peña. Al término de su mandato, el Partido Conservador eligió como candidato para sucederlo a doctor Alberto Barceló, importante caudillo del Partido de Avellaneda y trascendental figura partidaria.

En esa inteligencia, los conservadores lo prefirieron a Antonio Santamarina, importante hacendado, por entender que Barceló poseía las cualidades necesarias para imponerse en toda la provincia. Por otra parte, cabe señalar que, en toda su carrera política, el nombrado nunca había utilizado el fraude para imponerse, utilizando, en cambio, una propia metodología para imponerse.

Las elecciones fueron custodiadas e inspeccionadas por el Ejército, pese a lo cual no tuvieron un trámite correcto, por lo que el Gobierno Nacional dispuso la intervención a la Provincia el 25 de febrero de 1940.

Por Decreto del 7 de marzo, se designó interventor al General Luis Casinelli para, luego de establecerse los objetivos de la intervención, designar interventor definitivo al doctor Octavio Amadeo.

3.- *Elecciones Nacionales Legislativas*

Se llevaron a cabo el 3 de marzo de 1940 y tuvieron un trámite correcto. Ello posibilitó que la U.C.R. triunfase en la Provincia de Buenos Aires, la Capital Federal, Córdoba y Santa Fe, lo que determinó que por primera vez hubiese mayoría en la Cámara de Diputados que eligió como Presidente al doctor Martín Noel, miembro de ese partido.

Política Internacional

Corresponde señalar, al respecto, que en 1936 el Presidente de los Estados Unidos de Norteamérica invitó a una Conferencia Panamericana Extraordinaria a realizarse en Buenos Aires en el mes de diciembre del referido año.

En esas circunstancias, el Presidente Franklin D. Roosevelt, quien viajó a Buenos Aires en esas circunstancias, pronunció un significativo discurso dirigido a la unidad de los pueblos de América.

Presidía la delegación del país del norte el Secretario de Estado, Cordell Hull, quien tuvo un fuerte intercambio de ideas con nuestro Ministro de Relaciones Exteriores, el Dr. Carlos Saavedra Lamas, quien, en su exposición ante la Asamblea, destacó nuestra independencia respecto de las decisiones de los Estados Unidos.

En realidad, teniendo en cuenta la trayectoria diplomática de nuestro canciller, su posición resultaba por sobre todo probritánica.

La Octava Conferencia Panamericana realizada en Lima

Tuvo lugar en 1938, ya en la presidencia del Dr. Ortiz, en el mes de diciembre del referido año y ocurrió en circunstancias de extrema gravedad en el ámbito de las relaciones de los países europeos.

Alemania había incorporado a Austria a su territorio en logro de la unidad germánica. Asimismo, se apoderó de los sudestes que habían sido entregados a Checoslovaquia por el Tratado de Versalles.

El gobierno argentino, por intermedio de su canciller, doctor Taboada, previendo la presión que ejercería Cordell Hull, Secretario de Estado de EE. UU., para obtener la unidad del hemisferio, trató sin éxito de postergar la reunión que, por el contrario, contó con el apoyo de los demás gobiernos americanos.

Si bien Cantilo no presidió nuestra delegación, tuvo a su cargo el discurso de apertura de la Conferencia.

Durante su discurso, señaló que nadie podía poner en duda la solidaridad americana y que esa solidaridad formaba parte de la política argentina, por cuanto no resultaba necesario para ello acordar pactos especiales.

La manifiesta y firme posición del doctor Taboada y de toda la delegación de nuestro país estuvo a punto de hacer fracasar los objetivos propuestos por Roosevelt y Hull, lo que determinó a este último a mantener una conferencia telegráfica con el Presidente Ortiz que culminó con la orden a nuestro Canciller para que nuestra delegación firmase de conformidad la Declaración de Lima, la que resultó suscripta el 24 de diciembre de 1938, y que Hull considera, en sus memorias, como el mayor triunfo de su carrera diplomática.

La referida Declaración obligaba a todos los países americanos a la "solidaridad continental", lo que significaba el compromiso continental de defender los principios solidarios cuando aparezcan vulnerados o amenazados exteriormente.

El estallido de la Segunda Guerra Mundial

En vísperas de producirse el estallido de la guerra, los intereses británicos en la Argentina se pusieron en marcha durante los últimos tramos de la Presidencia del General Justo, para asegurar la amistad argentina y su neutralidad como estado amigo de Inglaterra.

Por su parte, el Canciller Alemán, Adolfo Hitler, tenía especial interés en recuperar el territorio originalmente alemán cedido a Polonia por el tratado de Versalles.

Con el objeto de evitar un enfrentamiento inmediato con la URSS el Canciller alemán Ribbentrop viajó a Rusia y el 2 de agosto de 1939 firmó con el Ministro de Relaciones Exteriores Soviético Molotov un pacto de no agresión entre ambos países.

Tal acuerdo produjo asombro y, como consecuencia de este, el Ejército alemán se internó en Polonia, apoderándose de las tierras que reclamaba y, el día 11 de septiembre, en el territorio polaco.

Cuarenta y ocho horas después, el Primer Ministro Inglés, Lord Chamberlain, y Daladier –Primer Ministro francés–, habida cuenta de sus compromisos con Polonia, declararon la guerra a Alemania.

Posición de la Argentina

El 4 de septiembre nuestro país declaró su neutralidad. Por su parte, la opinión pública estaba dividida ante el conflicto. La prensa en general, y en particular los matutinos *La Prensa* y *La Nación,* y los vespertinos *Razón* y *Crítica*, así como las agencias informativas inglesas y norteamericanas y la mayoría de los políticos pertenecientes a la concordancia, se pronunciaron en contra de los países del Eje.

El resto del ambiente político sostenía la neutralidad, en particular los integrantes de FORJA y los grupos integrantes del Movimiento Nacionalista que motejaron a quienes apoyaban a los aliados de "cipayos".

Es interesante señalar que los comunistas, luego del Pacto Ribentrop-Molotov cambiaron su posición y apoyaron al Eje. No habrá de extrañar más tarde su decidido apoyo a los aliados.

Conferencia de Panamá

En representación de nuestro país concurrió Leopoldo Melo, y por EE. UU. el Subsecretario de Estado, Benjamin Sumner Welles.

La batalla del Río de La Plata

En el mes de diciembre de 1939 se libró en las aguas del Río de la Plata, a la altura de Punta del Este, un enfrentamiento entre el "acorazado de bolsillo" alemán "Graf Spee" y varios buques de guerra británicos.

La superioridad numérica de los buques ingleses produjo importantes averías al barco alemán, lo que determinó al Capitán a entrar al puerto de Montevideo, con el fin de efectuar las reparaciones indispensables.

La decisión del jefe alemán resultó un error, por cuanto el Presidente uruguayo, Baldomir, y su Canciller, Guani, ambos manifiestamente influenciados por el Embajador inglés, le negaron el tiempo indispensable para efectuar las necesarias reparaciones en el buque.

Por el contrario, las autoridades uruguayas admitieron que los buques ingleses, junto con otros que fueron arribando en ese lapso, esperaran al buque alemán en sus aguas jurisdiccionales.

El Capitán alemán, Hans Langsdorff, frente a la imposibilidad de entablar un combate regular al salir del puerto y penetrar en aguas del Río de la Plata, puso a resguardo a sus tripulantes y luego hundió la nave.

La tripulación fue auxiliada y trasladada en lanchas a Buenos Aires, donde fueron alojados en el Hotel de Inmigrantes. Una vez instalados, el Capitán Landorf se suicidó, honrando las tradiciones del honor naval.

La no neutralidad

El 3 de mayo de 1940 se produjo la gran ofensiva alemana. Previamente y de modo fulminante, el 8 de abril, las tropas alemanas ocuparon Dinamarca y Noruega; el 10 entraron en Bélgica y

Holanda, que capitularon rápidamente. Continuando su ofensiva, flanquearon la Línea Maginot y penetraron en Francia rápidamente, ocupando el país y rodeando al Ejército británico en Dunkerque, donde logró embarcarse y regresar a su país. El 14 de junio los alemanes tomaron París y lograron la rendición de Francia.

Ante la magnitud de los referidos acontecimientos, el Canciller Cantilo, el 14 de mayo, sugirió abandonar la neutralidad, idea rechazada por muchos empresarios y en particular por las Fuerzas Armadas a través de declaraciones del Ministro de Marina Scasso y de Guerra, Marques.

Por su parte, el Presidente Ortiz dio a conocer un comunicado el 18 de mayo en el que expresaba: *"El gobierno mantiene la más estricta equidistancia entre los beligerantes"*.

La enfermedad del Presidente

El doctor Ortiz padecía una avanzada diabetes con complicaciones renales que le producían desvanecimientos.

Ese estado se había complicado en el frío invierno de 1940. Vale destacar que, en el acto de celebración del Día de la Bandera, al que asistió, sufrió un desvanecimiento. Luego de ello, pasó diez días sin salir de la residencia presidencial.

Pocos días después, el 3 de julio, se anunció que delegaría el mando para su mejor y pronta asistencia. En cumplimiento de ese anuncio, el día 4 asumió provisoriamente el mando el Vicepresidente Castillo. Acto que, con el tiempo, se transformaría en definitivo.

Respecto del verdadero estado de salud del Presidente, corresponde destacar que, además del origen de su mal estado de salud, padecía una disminución avanzada de la visión, un desprendimiento parcial de retina que requería completo reposo con un vendaje permanente de sus ojos.

Tentativa de Golpe de Estado

El estado de salud del Presidente permitía suponer que el retorno al ejercicio del poder resultaba más que improbable.

Por su parte, el Vicepresidente Castillo, dado su origen conservador, no resultaba una garantía contra el fraude y ante el panorama internacional existente; si bien no era considerado progermano, lejos estaba de ser considerado proaliado.

El referido supuesto estado de cosas hizo concebir al Ministro de Guerra la idea de destituir al Vicepresidente, la cual no llegó a llevar a cabo ante la falta de apoyo de la Embajada Norteamericana.

Por su parte, Castillo, contra toda suposición, durante su interinato, actuó con manifiesta prudencia, clara visión política y singular autoridad y conducta moral.

Así, el 5 de julio, en la comida de camaradería de las Fuerzas Armadas, expuso su posición claramente neutralista ante la satisfacción y el apoyo de la oficialidad allí reunida.

La Conferencia de La Habana

Tuvo lugar entre los días 21 y 30 de julio y fue convocada a instancias del Secretario de estado Cordell Hull y tuvo por principal objetivo considerar la suerte que correrían las colonias que poseían en América, Francia, Holanda y Dinamarca ocupadas por Alemania.

Antes de delegar el mando, el Presidente Ortiz designó al doctor Leopoldo Melo para presidir la delegación a la aludida Conferencia.

Durante la Conferencia se produjo un nuevo choque entre nuestra representación y la norteamericana. El entredicho dio lugar a un artículo de crítica a nuestro país por parte del diario *New York Times*.

Gobierno acéfalo

Dado el alcance del interinato, el doctor Castillo debía limitarse a presidir actos protocolares y dejar a los ministros la conducción administrativa de sus respectivas carteras.

Por su parte, el Ministro de Guerra, General Marques, efectuaba recorridas por las guarniciones para resolver la situación en caso de la posible desaparición del Presidente Ortiz.

Acontecimiento conmocionante: El negociado de las tierras de El Palomar

En la sesión del Senado del día 16 de mayo de 1940, el Senador por la Provincia de Jujuy, Benjamín Villafañe, de manera sorpresiva anunció textualmente: *"traigo algo que no se puede menos que calificar de horroroso"*, y en tal sentido señaló que, en un pasillo de la Cámara, el conocido periodista José Luis Torres le había entregado una detallada denuncia sobre la forma ilícita cómo se habrían adquirido las tierras de El Palomar que formaban parte del Colegio Militar de la Nación.

Dada la gravedad de la denuncia, el legislador propuso se constituyese una comisión investigadora integrada por senadores de todos los sectores. La propuesta fue aceptada de manera unánime por todos los senadores presentes, sobre todo teniendo en consideración que el Senador Villafañe afirmó que en la cuestión estaba afectada la dignidad del Ejército.

En respuesta a lo resuelto, el Presidente de la Cámara, Doctor Castillo, designó a los senadores Alfredo Palacios, Gilberto Juárez Lago y Eduardo Laurencena. Este último luego fue reemplazado por González Iramain. La importante investigación llevada a cabo por los nombrados se reunió en un despacho que fue aprobado por la Cámara y tratado en la sesión del día 18 del mismo mes.

Resulta importante exponer algunos aspectos del negociado, dada la gravedad de este y la repercusión que tuvo en la opinión pública de la época. El intento de venta de los referidos terrenos tuvo su origen durante la Administración anterior, pero resultó rechazada, dado el excesivo valor pretendido por sus propietarias. En efecto, en 1934 las señoras María Antonia y María Luisa Pereyra Iraola, propietarias de 22 hectáreas en la localidad de El Palomar, provincia de Buenos Aires, ofrecieron en venta dichos terrenos al Ministerio de Guerra al precio de un peso moneda nacional, el metro cuadrado. Las tasaciones llevadas a cabo por la Dirección General de Ingenieros del referido ministerio establecieron que esos terrenos eran anegadizos y de poca calidad, fijándoles un precio no mayor de diecinueve centavos el metro cuadrado. La insistencia de las propietarias no tuvo éxito alguno.

Tiempo después, el 22 de diciembre de 1937, las señoras suscribieron un contrato de veta de las tierras con el señor Néstor Luis Casas, por el que las vendían al precio de sesenta y cinco centavos el metro cuadrado. A partir de la negociación, el adquirente, a través de su apoderado, el señor Jacinto Baldazarre Torres, inicia su gestión para vender, sin invertir dinero alguno y obtener una extraordinaria ganancia para esa época.

Con el mencionado propósito, el apoderado de Casas –por intermedio de un amigo– se hizo presentar al entonces Ministro de Guerra General, Basilio Pertiné, para proponerle la venta de las tierras adquiridas por Baldazarre Torres. El ministro le responde que estas le interesaban, pero que el ministerio no contaba con fondos disponibles para ello. Atento a lo manifestado por el funcionario, Casas le preguntó sobre la posibilidad de que el Congreso votara una partida especial en el próximo ejercicio. Lo que fue admitido por el ministro.

A partir de lo expuesto, Baldazarre Torres inició sus gestiones ante la Comisión de Presupuesto de la Cámara de Diputados, lo que interesó al entonces presidente de esta, diputado Rail Gregorio

Godoy, para que aconsejase la adquisición de los mencionados terrenos al precio de un peso con diez centavos el metro cuadrado.

A partir de la referida entrevista, desde la Comisión se les consulta, al Ministro de Guerra y al General Juan Bautista Molina, si resultaba conveniente la adquisición de los referidos terrenos, pero sin mencionarles el precio. Ambos jefes militares, ante la posibilidad de ampliar las instalaciones del Acantonamiento de Campo de Mayo, responden afirmativamente.

Por su parte, en la Comisión de Presupuesto se propuso establecer el precio de compra en $ 1.10 m/n el metro cuadrado, lo que fue rechazado por los diputados Julio A. Noble y Américo Ghioldi, quienes argumentaron que no se debía poner precio por cuanto lo habrían de establecer las correspondientes tasaciones. Ante lo peligroso que ello resultaba para los propósitos de Baldazarre Torres, este consiguió que el presidente de la Cámara, Juan Kaiser, admitiese como precio máximo al precedentemente mencionado.

En definitiva, la Ley de Presupuesto fue sancionada el 27 de enero de 1937, incluyéndose en la misma un artículo que establecía la compra de las mencionadas tierras. Finalmente, la ley fue promulgada el 8 de febrero de 1938.

El proyecto de formalización de compra tuvo entrada en el Ministerio de Guerra en el mismo mes de febrero, pero quedó detenido debido al inminente cambio de gobierno.

Producida la asunción de mando por el Doctor Ortiz, el General Márquez, quien sucedió al General Pertiné en el Ministerio de Guerra con fecha 29 de julio de 1938, remitió una nota a Baldasarre Torres en la que le comunicaba que debería presentar los títulos de propiedad de la fracción vendida. Como el nombrado solo poseía un boleto de compraventa a favor del intermediario Casas, remite el mismo al Ministro, acompañado del título de propiedad a nombre de las señoras Pereyra Iraola.

El General Márquez lleva esa documentación al Presidente Ortiz, que la rechaza, indicando que, como lo dijese, deberán ser acompañados los títulos definitivos.

Para cumplir con este fundamental requisito, Baldasarre Torres y Casas debían desembolsar $ 1.500.000 m/n más honorarios y gastos de escritura.

Lo sucedido a partir de entonces surge de lo relatado por el miembro de la Comisión investigadora, Senador Suárez Lago, inserto en el Diario de Sesiones de esa Cámara de Senadores y cuyo contenido transcribimos:

¡Cómo iban a realizar Casas y Baldasarre Torres un desembolso de ese monto dada su insolvencia y además si no era eso lo convenido cuando el negocio se plateó! Si todo iba a marcha sobre rieles, ¿qué significaba este entorpecimiento imprevisto? ... Pero el 20 de octubre espontáneamente - yo tomo como base la documentación enviada por el Ministro de Guerra General Márquez al Capitán Guraud, jefe accidental de Campos, Propiedades y Barrios Militares de la Dirección General de Ingenieros, le envía una nota a Casas, solicitándole quiera pasar por su oficina ¿Qué tenía que conversar El señor Casas el 20 de octubre sobre el ofrecimiento de venta de la propiedad después de la orden pertinente, no dejada sin efecto, impartida por el Presidente de la República?

No se sabe qué ocurrió en la conversación con Casas y Baldazarre Torres. Lo único que se pudo comprobar son las consecuencias de esa conversación, una nota fechada el 11 de noviembre de Casas al Ministro Márquez proponiéndole que, en vez de la presentación de las escrituras de propiedad "se haga un trámite menos riguroso" este trámite era en síntesis lo siguiente: hacer tres escrituras simultáneas: por la primera, pago de la deuda de las señoras Pereyra Iraola de Herrera Vegas al Estado que pesaba sobre los terrenos; por segundo la escrituración de venta de las propiedades al señor Casas, y tercer paso escrituración de Casas a favor del

Estado. Es decir, todo a un mismo tiempo y con el mismo dinero: el del Estado.

El paso definitivo se dio el 11 de enero de 1939, cuando el Presidente Ortiz firmó el Decreto 12.683, autorizando la compra a un precio no mayor de $ 1,10 m/n el metro cuadrado.

Respecto a ese acto, dijo el Senador Lagos:

> Porque yo no puedo suponer, mi imaginación no supera a mi perplejidad, como pudo el Ministro de Guerra hacerle firmar al Presidente de la República un decreto que autoriza a contratar un inmueble de propiedad de Don Néstor Luis Casas o de quien resulte propietario. ¿Cómo se puede llevar a la firma del Presidente, que el 4 de agosto había ordenado terminantemente que se paralizara por completo el trámite de esta venta hasta que Casas probara su condición de propietario, con escritura pública que acreditara la transferencia de dominio de la propiedad a su favor, como con esa orden y sin que ella se cumpliera? ¿Cómo pudo el ministro desconocer la orden del presidente y hacerla firmar?

Con la cantidad percibida, las mencionadas señoras pagan la deuda hipotecaria que pesaba sobre los terrenos de $ 723.953 m/n con los mismos títulos recibidos de Casas.

En definitiva, Casas, mediante la múltiple operación, se ha ganado más de un millón de pesos sin invertir un solo centavo, por cuanto todo se hizo con dinero del Estado.

El 4 de abril, quedó consumada la fraudulenta operación firmándose las escrituras en la Ciudad de La Plata, mediante el siguiente procedimiento: en primer lugar, el gerente de la sucursal del Banco Nación declaró cancelada la hipoteca que pesaba sobre las tierras de las señoras Pereyra Iraola de Herrera Vegas. Acto seguido, las mencionadas señoras venden esos terrenos de El Palomar al señor Néstor Luis Casas, representado en ese acto por el señor Baldasarre Torres en la suma de $ 1.447.908 m/n; y en último término, Néstor Luis Casas vende al Gobierno Nacional los mismos terrenos por la suma de $ 2.450.303 m/n en títulos de Crédito Argentino Interno y del Empréstito de Repatriación. Luego, Casas paga a las señoras de Herrera Vegas $ 1.447.996 con los títulos recibidos.

El descubrimiento de todos los que intervinieron en el doloso negocio contra el país se produjo, a través del proceso penal, sustanciado al efecto, sobre todo por la forma como fueron retribuidos los títulos públicos que les entregó Baldasarre Torres conforme lo convenido.

Entre los incriminados cabe mencionar a Juan Kaiser expresidente de la Cámara de Diputados; Gregorio Raúl Godoy expresidente de la Comisión de Presupuesto de la Cámara; los diputados Guillermo Bertotto, Víctor Juan Guillot y otros empleados también de la Cámara, como así también de otras reparticiones del Estado.

El General Márquez, en su condición de Ministro de Guerra, concurrió a la sesión del Senado celebrada el 19 de agosto de 1940, a fin de dar explicaciones sobre su conducta en el referido negociado.

Su principal argumento fue la urgencia de la compra, así como lo fue la autorización otorgada por el Congreso y en lo personal no tenía poder para oponerse a esta. Asimismo, agregó que el precio no le resultó exagerado dado lo pagado por otras tierras de las cercanías. Sostuvo con insistencia que, desde hacía tres meses, el Colegio Militar se encontraba en el nuevo edificio y por ello resultaba necesario ocupar el terreno inmediatamente para no entorpecer la instrucción diaria de los cadetes.

Ante este último, argumentó el Senador Suárez Lago:

> Según hemos oído de boca del Señor Ministro de Guerra, General Carlos Márquez, había una extraordinaria urgencia de carácter militar de adquirir el campo. Se necesitaba como oxígeno para

resolver las necesidades de la enseñanza y la práctica de ejercicio en el Colegio Militar, pues, por las razones que dio el Ministro en este recinto, pareciere que los cadetes se ahogaban en ese pañuelo de tierra en que está edificado el Colegio. Imagino cuál sería la alegría y satisfacción del Director del Colegio Militar cuando supo que se había realizado la compra de la propiedad lindera. Pero no es así. No bien comprados los terrenos, se dan en arriendo a un particular para la explotación de la industria tambera a cuarenta pesos la hectárea. Se pagó $ 11.000 m/n, señores senadores la hectárea para enseguida arrendarla a $ 440 m/n anuales. Ho sarcasmo irritante"

Por amplia mayoría, el Senado dispuso el juicio político al General Márquez. Como consecuencia de ello, presentaron la renuncia el ministro nombrado y el Presidente de la República.

Con su renuncia, el General Márquez evitó el juicio político. En cuanto al Presidente, la Asamblea Legislativa. reunida al efecto, rechazó la renuncia casi por unanimidad con la sola excepción del Senador Matías Sánchez Sorondo.

La Justicia Penal, por su parte, aplicó penas a los implicados, las cuales oscilaron entre 5 y 6 años de prisión e inhabilitación absoluta para ejercer cargos públicos.

Reaparición de Agustín P. Justo

Su primer acto de contenido político fue intentar sin éxito la renuncia del Ministro Márquez.

Con su regreso perseguía tres objetivos en pro de su propio futuro:

a. Renuncia del gabinete y formación de otro bajo la presidencia de Castillo.

b. Evitar las reuniones de Ortiz con Márquez.

c. Evitar el golpe proyectado por Márquez.

De lo proyectado logró:

1. El 22/8/1940 Ortiz presentó la renuncia.
2. El 24/8 se reunió la Asamblea Legislativa para considerarla.
3. El mismo 22 consiguió de los ministros que retirase la renuncia.
4. Luego obtuvo el voto casi unánime de la Asamblea que le otorgó la absolución. (El único voto en contra fue el del senador Mateo Sánchez Sorondo). Resulta interesante la transcripción del mismo:

> El dilema se plantea: o el negocio fue lícito y el Senado no ha tenido razón, o el negocio fue ilícito y el senado ha tenido razón. Si el negocio fue lícito el señor Presidente de la República tiene derecho, más aún, tiene el derecho de cubrir a su ministro y defender in acto de gobierno. Pero si el negocio fue ilícito el señor presidente no puede establecer una solidaridad y, a base de ella, inferir un agravio al Senado, y el Congreso de la Nación no puede aceptar como fundamento de esa renuncia, esa solidaridad y ese agravio.

Tres días después del rechazo de la renuncia del Dr. Ortiz, siete de los ministros presentaron la renuncia, la excepción fue la del ministro de Guerra, General Márquez, debido a que si renunciaba sería juzgado por los tribunales ordinarios; mientras que, si se mantenía en el cargo, su juzgamiento estaría a cargo del Congreso. Esta situación le significó a Castillo un planteo militar.

El Dr. Castillo, ante las dificultades de todo orden, se encontraba obligado a recomponer el gabinete. Ante esa compleja circunstancia, el General Justo le sugirió al nuevo ministro de Guerra, hombre de su entorno, el General Juan Tonazzi y, como ministro del Interior, al conservador Miguel Culaciati.

Ambos fueron aceptados y completó el gabinete con las siguientes personas: Federico Pinedo en Hacienda; Guillermo Rothe en Instrucción Pública; Contralmirante Mario Fincati en Marina;

Julio A. Roca (h) en Relaciones Exteriores; Daniel Amadeo Videla en Agricultura, y Salvador Oría en Obras Públicas.

El embajador de EE. UU. hizo saber su complacencia por las referidas designaciones.

Reorganización "Justista" del Ejército

Rápidamente, Justo, a través del nuevo Ministro de Guerra, llevó a cabo importantes cambios en los distintos mandos del Ejército y en cumplimiento de esos propósitos se hicieron las siguientes designaciones: en la Primera División, con asiento en Palermo, fue designado el General Spíndola; Inspector General de Infantería, el General Giovanelli; Director del Colegio Militar, el Coronel Emilio Daul y Director de la Escuela de Suboficiales, el Coronel Santos Rossi.

Se realizaron otras designaciones y traslados que le aseguraron a Justo su influencia y predicamento.

El cambio de gabinete, pese a su conformación conservadora, no implicó el peligro de retorno a la política fraudulenta. Pese a ello, en el Ministerio del Interior, el nuevo Ministro Culaciati, perteneciente al antipersonalismo santafesino, respondía a la política no tranquilizadora en materia de legalidad institucional.

La etapa iniciada por Culaciati parecía subordinada a dos elementos condicionantes. En primer lugar, su carácter interino (Ortiz continuaba siendo el Presidente) lo obligaba a actuar utilizando políticas que no eran las propias, sino las del gabinete al que pertenecía. El retorno al pasado fraudulento, en el interior, se habrá de manifestar a través de actitudes propias del conservadurismo de Mendoza, Buenos Aires y Santa Fe.

En Santa Fe es donde se vota en primer término. Si bien el resultado final de la elección otorgó el triunfo a la U.C.R. sobre el antipersonalismo, conforme al sistema electoral imperante en la provincia, el triunfo correspondió al partido oficial, por haber obtenido mayor cantidad de electores.

La forma como fue resuelta la elección santafesina provocó la interpelación del Ministro del Interior por el bloque radical de la Cámara de Diputados. El Dr. Culaciati, al responder al requerimiento, dijo ignorar lo sucedido y no tener imperio ni jurisdicción sobre las elecciones provinciales.

Como consecuencia de esa respuesta, la bancada radical, mayoritaria en la Cámara, manifestó que no daría número si no se intervenía la Provincia de Santa Fe, no garantizase con veedores militares las elecciones en Mendoza, no votarían el presupuesto ni prestarían acuerdo a la adquisición de armamentos, no habría plan económico que ya contaba con media sanción del Senado. Tal estado de cosas afectaba la conducción del Dr. Castillo.

El ministro Pinedo tomó a su cargo el problema creado por el radicalismo. Con ese propósito, viajó a Mar del Plata el Dr. Alvear, presidente del radicalismo, con el fin de concertar un entendimiento con este. El entendimiento perseguido consistía en que, mientras durase la guerra, tanto los radicales como los conservadores, compartiesen las listas de candidatos, con lo que el tema del fraude quedaba superado. Si bien el plan halló buena acogida en Alvear, los amigos conservadores de Pinedo lo rechazaron, con lo que, junto con el fracaso del plan, se produjo la renuncia del Ministro, seguida de la del Ministro de Relaciones Exteriores, Dr. Roca.

Plan de Reactivación Económica

Como hemos desatacado, el Dr. Castillo logró conformar un gabinete ministerial que respondiese a sus directivas durante su prolongado interinato presidencial.

En tales circunstancias, designó Ministro de Hacienda al Dr. Federico Pinedo, quien, como sabemos, había ocupado la misma cartera durante la presidencia del General Justo.

Dado su estrecho vínculo profesional con empresas de capital británico existentes en el país, presentó a la consideración del gobierno un proyecto de reactivación económica que, según afirmó, resultaría beneficioso para nuestros intereses económicos y al propio tiempo paliaría la difícil situación económico-financiera por la que atravesaba Gran Bretaña, como consecuencia de la guerra. El plan contó con el aval de Inglaterra y los EE. UU., y consistía en lo siguiente: la Argentina no interrumpiría su provisión de alimentos a Inglaterra, base de nuestra economía agropecuaria, y la Corona pagaría entregando los ferrocarriles en una lenta operación que le aseguraría sesenta años de alimentos sin perder el control de ellos.

Por su parte, los productos manufacturados que necesitaba nuestro país, y que Inglaterra no podía proveer, los suministrarían los Estados Unidos, que, como no vendía nada, nos facilitaría un préstamo de diez millones de dólares para que pudiésemos pagarlos.

Asimismo, el Estado Argentino les reconocía a las empresas ferroviarias británicas un capital de 230.593.975 millones de libras esterlinas que amortizaría en sesenta años con un 4.5 % de interés, entregándose el equivalente en productos alimenticios hasta el año 1998, desligándose de un material anticuado, y sin que los compradores ingleses de carne y trigo pagasen con dinero en efectivo.

Según trascendió, "el plan Pinedo" era un trabajo profesional que le habían encargado las empresas ferroviarias al ahora Ministro para deshacerse –con ganancias– de su material obsoleto.

Un senador hizo la denuncia de tal actitud al diario *La Prensa*.

Cuando el mentado "plan" iba a tratarse en el Senado de la Nación, aquel diario publicó el estudio que las empresas le habían encomendado a Pinedo y el honorario de 10.000 libras esterlinas percibido por este como pago del nombrado trabajo.

El Ministro Pinedo, presente en la referida sesión del Senado, pidió la palabra expresando lo siguiente:

> Hoy se ha publicado en los diarios un plan referente a la reorganización ferroviaria que yo he dado a muchas personas, a todo el que me lo pidió, haciendo presente que este plan había sido elaborado por mí, en mi carácter de abogado de todas las empresas ferroviarias del país que me habían consultado en esa materia. El trabajo era muy importante y se me pagó por él como correspondía, honorarios muy importantes: 10.000 libras esterlinas. Si algún senador, aun cuando sea opositor, creyese con fundamento que no puedo intervenir en la sanción de esta ley, yo me retiraría inmediatamente de este recinto.[1]

Contra toda suposición, los proyectos resultaron aprobados por la Cámara Alta y pasaron en consideración a Diputados, donde el proyecto no fue estimado.

A pesar del apoyo que le significó la media sanción del Senado, Pinedo se mantuvo un tiempo más al frente del Ministerio de Hacienda, gestionando entendimientos con el Partido Radical a través de la influencia de Alvear y la concreción de un acuerdo entre ese partido y los demócratas nacionales. Estos rechazaron y a la postre determinaron su renuncia y la desaparición de su cuestionado "Plan". Por otra parte, si bien Alvear había dado su conformidad, el Comité Nacional del Partido Radical, exigió la anulación de las elecciones de Santa Fe.

La renuncia de Pinedo se produjo el 16 de enero de 1941 y en su reemplazo asumió la cartera de Hacienda el Dr. Carlos Alberto Acevedo, quien había desempeñado ese ministerio durante el gobierno del General Justo y compartía los mismos intereses de Pinedo.

En cuanto a la cartera de Relaciones Exteriores, fue designado Ministro el Dr. Enrique Ruiz Guiñazú.

---

1 *La Prensa*, 18 de diciembre de 1940.

La Ley de Préstamos y Arriendos y su repercusión en el país

En marzo de 1941, el Congreso de los Estados Unidos sancionó la Ley de Préstamos y Arriendos por la que se autorizaba al Presidente, cuando lo considerase necesario, que la utilizase para la defensa nacional.

Sin entrar en la guerra, los Estados Unidos ponían a disposición de las naciones aliadas su material bélico.

Respecto de América Latina, la referida ley ofrecía gratuitamente toda clase de armas a cambio de facilitar su apoyo y total colaboración con su política futura.

Desde el primer momento, la política del "buen vecino" fue de carácter desigual en Latinoamérica y, con relación a nuestro país, la buena vecindad proclamada a través de la historia no fue precisamente la mejor, como veremos.

Precisamente, en esos momentos, la Argentina debía mejorar su armamento, que le resultaba escaso y anticuado. Aun contando con el dinero suficiente para adquirirlo y para lo cual el Congreso había votado en abril de 1941 la utilización de importantes sumas para su compra, con el propósito de efectuar las referidas compras, en Estados Unidos, se constituyó una comisión presidida por nuestro embajador en ese país, el doctor Espil, e integrada por el general Estanislao López y el almirante Saba H. Sueyro. Respecto de las condiciones de la adquisición, el doctor Ramón Castillo ordenó que no deberían aceptarse las condiciones indicadas por el embajador Armour.

El 23 de agosto de 1941, nuestro gobierno dispuso que el Ministro de Guerra, el general Tonazzi, acompañado de altos oficiales del Ejército y la Marina, concurriese a los festejos por el Día Nacional del Brasil a celebrarse el 7 de septiembre del mismo año.

La mencionada delegación se hallaba en Brasil, y, el 4 del referido mes, el ministro de Marina, almirante Fincati, hizo saber a nuestra Cancillería que efectuaría tareas con ninguna concesión que afectase nuestra soberanía.

La referida declaración tuvo su fundamento en que, según informaciones no admitidas por nuestros embajadores que se encontraban en Brasil, la Armada de la Unión inspeccionaba las bases brasileñas.

Durante el referido mes de septiembre, al saber que el Secretario de Estado, Hull, no sólo aceptaba invitaciones para conversar sobre la defensa común y que dos importantes militares irían a los Estados Unidos para elegir, junto al embajador Felipe Espil, las armas que ese país nos daría para defendernos de la supuesta agresión Nazi, los grandes diarios y los medios intelectuales y políticos del ámbito liberal de nuestro país mostraron particular entusiasmo.

Durante los meses de septiembre y octubre de 1941, la situación institucional se vio permanentemente perturbada por rumores de golpes de Estado atribuidos a militares nacionalistas, particularmente Menéndez y Zuluaga, que actuaban con el apoyo de Castillo y con el apoyo de la Alemania Nazi, en la persona de su embajador.

No obstante, nada de ello pudo probarse y sí, en cambio, una trama de carácter liberal conducida por la figura del general Justo, convertido por entero en exponente del defensor de la democracia, y a la vez defensor del bando aliado, y permanente aliado del embajador norteamericano Armour, quien transmitía a su gobierno lo positivo que significaba la actitud asumida por el nombrado expresidente.

Breve reaparición de Ortiz

Si bien Ortiz había aceptado el cambio de su gabinete, continuaba siendo el Presidente de la República y mantenía la esperanza de retomar el poder. La referida esperanza se acentuó ante un informe de los médicos de cabecera que señalaban una mejoría en sus dolencias.

En virtud de ello, el 19 de noviembre de 1940 hizo declaraciones a la Agencia Associated Press, considerando como una medida a imitar la instalación de Bases Norteamericanas como lo había otorgado Uruguay. Tal revelación dio lugar a una declaración del Ministro de Relaciones Exteriores, Dr. Roca, quien afirmó que ella debía provenir, dado su carácter internacional, del ministerio a su cargo.

Respecto de su retorno, Ortiz declaró que dependía de la decisión de los médicos que lo asistían. El 12 de febrero de 1941 publicó un manifiesto en el que declaraba:

> En los momentos de confusión internacional, la necesidad exige a los jefes de Estado el ineludible deber de dirigirse al pueblo. Confieso que ya no puedo resistir por más tiempo el clamor unánime de la opinión pública que pide, ansía, la palabra clara y sincera del presidente de la nación.
>
> Desde la iniciación de mi gobierno fue uno de los propósitos esenciales hacer respetar la Constitución y restaurar en todo el ámbito del país las garantías y derechos que las leyes acuerdan al ciudadano. En la conciencia popular arraigó entonces la convicción de que se iniciaba una nueva era en la vida política argentina.
>
> Fue uno de los propósitos de mi gobierno terminar con esa lamentable división de los argentinos, de vencedores y vencidos, de perseguidores y perseguidos. En lo más arduo de esta lucha, oír el resurgimiento y la normalidad del país, la adversidad ha determinado el desarrollo de mi tarea. Los hechos de gobierno y las orientaciones políticas que pueden haber malogrado, no me pertenecen. De ahí que decline toda responsabilidad ante el pueblo.
>
> Se pretende retrogradar a un pretérito muerto la vida institucional y las prácticas cívicas del país. La realidad más viva del pueblo argentino es su democracia histórica y racial. Pareciera que estas directivas son ignoradas por quienes viven políticamente de espaldas al pueblo, para algunos políticos todos los problemas

nacionales se reducen al usufructuar siempre las posiciones que el pueblo no les otorga o les niega.

El principio de autonomía es tan respetable como las otras que basan nuestro sistema representativo, siempre que al invocarlo no se lastime la unidad política de la Nación, como ocurría en épocas puntuosas por la soberbia e incomprensión de los caudillos que rompieron el equilibrio de la familia argentina y ensangrentaron el suelo de la República.

Mi repugnancia natural a la dualidad y a la mentira me indujeron, en circunstancias que resultaron históricas, a poner remedio enérgico a tales situaciones. Esta afirmación de convicciones y orientación sería, posiblemente, el origen de las perturbaciones políticas que sobrevinieron después.

Los constituyentes del año 53, impresionados por las sangrientas luchas civiles provocadas por las ambiciones prepotentes y la acción nociva de caudillos, crearon un poder ejecutivo fuerte. Este enorme poder debe servir, esencialmente, como vehículo de paz y de progreso institucional, pues quien ostenta la más alta dignidad de la República, aunque fuera ocasionalmente, se halla en el deber de ejercitarlo, velando por todo aquello que sea un factor de tranquilidad. Otro camino nos llevará a la confusión y a la anarquía.

Desde mi sitial de primer magistrado de la Nación invoco esos sentimientos de restauración institucional y con la fe puesta en los grandes destinos del país, entrego al pueblo de mi patria mis anhelos de pacificación política, de verdad republicana y de engrandecimiento nacional.

El manifiesto transcrito generó importantes comentarios periodísticos. Tanto *La Prensa* como *Noticias Gráficas* y *Crítica* destacaron que las palabras de Ortiz encerraban una fuerte crítica a la política desarrollada por el Vicepresidente.

La respuesta de la mayoría conservadora del Senado fue la propuesta del senador por Santiago del Estero, Juan B. Castro, de integrar una comisión para conocer el estado real de la salud del Dr. Ortiz, que en definitiva no prosperó.

Inquietud militar

Como ya se ha señalado en páginas anteriores, desde que el General Justo sustituyó al General Uriburu tuvieron lugar varias conspiraciones de raíz nacionalista.

En el ámbito del Ejército, desde 1934, fue el coronel, luego ascendido a general, Juan Bautista Molina quien mantuvo una actitud conspirativa, desplegando un liderazgo que desplazó a los generales Nicolás Accame, Francisco Fasola Castaño y el almirante Abel Renard también fuertes opositores de la política del Ejecutivo.

El general Molina, en su carácter de presidente del Círculo Militar, se convirtió en el conductor de un movimiento antiliberal.

Si bien representantes distinguidos del pensamiento nacionalista, como Federico Ibarguren y Raúl Scalabrini Ortiz, sostenían que la anunciada revolución de Molina no era más que una ficción alentada por el propio presidente Justo, la presencia constante de Molina ganó algunos adeptos como el senador radical yrigoyenista, Diego Luis Molinari.

La permanente actitud conspirativa de Molina determinó más tarde al Dr. Ortiz, y a su ministro de Guerra general Márquez, a disponer su retiro del Ejército.

Luego de su retiro de la fuerza, Molina continuó su trabajo revolucionario junto con el nombrado Molinari y el periodista José Luis Torres y el entonces Coronel Eduardo Lonardi. En el ámbito civil, mantenía contacto con la Alianza de la Juventud Nacionalista.

Por su parte, y separadamente, trabajaba el general Benjamín Menéndez, acompañado del general Arturo Rawson

Con fecha 14 de agosto de 1941, Molina decidió dar el golpe largamente postergado. Según versiones, aparentemente participaron de este, entre otros, el Tcnl. Urbano de la Vega; el Tcnl. Agustín de la Vega; el Comodoro Sutaita; el Tcnl. Franklin Lucero, jefe de la Escuela de Infantería y el Tcnl. Joaquín Sauer, jefe de la Escuela de Artillería, así como también otros jefes de Palermo y Campo de Mayo, siendo Jefe de la División Operaciones el Tcnl. Dalton.

Sorpresivamente, en la noche del día 13, arribaron a Campo de Mayo el general Spindola y el ministro de Guerra general Tonazzi, quienes comprobaron la existencia de preparativos revoluciona-rios, hecho que determinó la suspensión del movimiento.

Un acontecimiento importante y de consecuencias trascenden-tes resultó la cena de camaradería de las Fuerzas Armadas que tuvo lugar el 7 de julio de 1941. Durante la misma, el general Basilio Pertiné, presidente del Círculo Militar, afirmó lo que el Ejército deseaba fervientemente: mantener la neutralidad ante el conflicto internacional.

Por su parte, la Marina, en la voz del Almirante Sabá H. Sueyro, presidente del Centro Naval, sostuvo que las Fuerzas Armadas debían limitarse a apoyar la política diplomática del gobierno.

Finalmente, el Vicepresidente, Dr. Castillo, pronunció un dis-curso de contenido general que no conformó a ninguna de las tendencias en pugna.

La Defensa del Hemisferio

La primacía alemana en Europa constituyó un motivo fundamen-tal para que los Estados Unidos se sintiese la nación defensora de América contra las actitudes agresivas del nazismo.

Respecto de nuestro país, desde la derrota de Francia, numero-sas fueron las sugerencias e intromisiones del país del norte dirigi-das a intentar instalar defensas marítimas ante el supuesto peligro extracontinental.

En todos los casos, ellas fueron respondidas por nuestro país dejando a salvo nuestra soberanía.

Planteo de los Tenientes Coroneles

El panorama que ofrecía el país respecto de la situación internacional condujo a jefes de regimientos emplazados en el Gran Buenos Aires, que entendían que interpretaban mejor que los generales el pensamiento del Ejército sobre la cuestión internacional. Esa convicción los movió a realizar reuniones en Campo de Mayo.

Resultaban asiduos concurrentes el Coronel Savio y los Tenientes Coroneles: Mittelbach, Antonietti, Saure, Sosa y Lucero.

El propósito de aquellos encuentros era hacer una revolución junto con el Vicepresidente Castillo, pero para entrevistar al nombrado, conforme con lo establecido por los reglamentos del arma, debían contar con la autorización del Ministro de Guerra, anticipándole el motivo de esa solicitud.

Luego de que varios oficiales desestimaron ser portadores de esa solicitud, asumió tal misión el Teniente Coronel Antonietti, que se desempeñaba como jefe de la caballería en Campo de Mayo.

Cumplido el trámite reglamentario, llevaron el pliego de peticiones que habían redactado al Dr. Castillo. El vicepresidente estuvo plenamente de acuerdo con su contenido en cuanto a mantener la neutralidad y días después respondió a los restantes puntos del petitorio. Dos días después. Castillo dio a conocer su respuesta concebida en los siguientes términos:

> Empecemos por lo más importante que es el punto "mantenimiento riguroso de la neutralidad..." ¡Completamente de acuerdo! Pero vamos a tener que hamacarnos: de un momento a otro, Estados Unidos va a entrar en guerra, y mi predecesor se ha comprometido en Panamá y La Habana, por solidaridad del hemisferio, a que la agresión a un país americano es agresión a toda América. Los Estados Unidos no van a ser agredidos por Alemania o Italia, sino por los japoneses y no será bombardeando a San Francisco ni los Ángeles, sino a Hawái u otra colonia de Oceanía. Podríamos escaparnos diciendo que la agresión a un

país americano se entiende cuando ocurra en América, y no en sus colonias. Le desearemos a los Estados Unidos como "solidaridad continental" que les vaya bien y podríamos declararlos "no beligerantes".

No se van a conformar. No tenemos armas y ellos no quieren vendérnoslas. En cambio, están armando a Brasil, Chile y nuestros vecinos y tal vez impulsarán una guerra contra nosotros si no la hacen ellos mismos. ¿Están dispuestos a defender nuestra soberanía, aunque sea con las uñas y los dientes? ¡Si… Bien! Yo estaré con ustedes. Ahora a los otros puntos, ¿esto de que disuelva el Congreso? Si disuelvo el Congreso hago un acto dictatorial ya nos llaman nazis porque no simpatizamos con Estados Unidos, nos dirán totalitarios con toda razón. Manejemos no con nuestra Constitución "que es la más sabia del mundo", porque uno hace con ella lo que quiere. Un presidente puede más que un dictador, créanme no tengan miedo a los diputados, que ladran, pero no muerden. ¿Qué no les guste el senado porque los senadores han sido elegidos con fraude? ¡Si el fraude es la condición para mantener el equilibrio constitucional! ¡Debo tener condición para mantener el equilibrio constitucional! Debo tener conmigo el senado para que balancee a los diputados radicales, y si no les doy el fraude a los conservadores no ganan en ninguna parte. Además, el fraude no asusta ya ni a los radicales, que están acomodados. ¿En cuanto a Justo? No le tengan miedo, el hecho de que ustedes estén aquí, quiere decir que ya no maneja el ejército; y en la política ténganme más fe a mí que a él. ¿Qué cambie los ministros justistas? Si se hiciera ahora se sabría que fue una imposición de ustedes y eso no les conviene a ustedes ni a mí. Lo haré más adelante con Tonazzi que es el único que importa. Culaciati y Amadeo Videla no van a molestar porque se agarrarán al cargo como lapas y hasta que yo les diga. Ustedes leen en los diarios que las cosas importantes se resuelven en "acuerdo de ministros" y no saben cómo es el trámite de esos acuerdos. No se resuelven por mayoría sino por la "unanimidad de uno, que es el presidente". Hay en la presidencia un empleado llamado "de los acuerdos", yo redacto el documento, lo firmo y lo mando a ese empleado que recoja la firma de los ministros. Si no están de acuerdo con el acuerdo tienen que irse, nunca han dejado de firmar. ¿Qué Culasiati es justista y amigo de Estados Unidos? ¿Qué importa? Pegar a los liberales con un liberal es chistoso. En cuanto al Concejo Deliberante, que no está amparado por la Constitución, puedo disolverlo mañana mismo, está desacreditado por el asunto de la Cade y por las coimas a los colectiveros. Todo el mundo, menos los concejales, aplaudirán. Así, dejamos de paso sin escenario a Acción Argentina. ¿El Estado de Sitio? Sí. Lo podría poner más adelante: cuando declaremos la no neutralidad de los Estados Unidos, justificándolo que será para defender nuestra "política internacional". Y les prohibiré los actos de Acción Argentina si no andan derechos con los militares, y los de los nacionalistas si embroman mucho. No habrá necesidad de cerrar *Crítica* porque con el estado de sitio se cuidarán de no decir nada agraviante.

Bien estas son las contraproposiciones. Si les gusta bien. Si no les gusta, me voy y defienden ustedes la neutralidad como Dios se los dé a entender.[2]

En cumplimiento de lo afirmado, disolvió el Concejo Deliberante el 10 de octubre de 1942.

La actitud asumida por nuestro país impulsó al Dr. Castillo a crear la Dirección General de Fabricaciones Militares, mediante una ley aprobada en septiembre de 1941.

La posición neutralista de Castillo, expresada ante el petitorio militar, quedó también ratificada a través de los traslados y promociones que se dispusieron en el Ejército. No obstante, permaneció al frente del Ministerio de Guerra el General Tonazzi pese a los aludidos cambios, la mayoría de ellos oficiales reconocidos como "justistas".

---

2 *La Nación*, 07/10/1942.

Elecciones en la provincia de Buenos Aires

El interventor de esa provincia, Dr. Octavio Amadeo, quien había sido designado por el Presidente Ortiz, presentó la renuncia el 31 de diciembre de 1941, siendo reemplazado por el Contralmirante Eleazar Videla, de reconocida tendencia "justista" y decidido partidario de los países aliados.

La designación referida se produjo el 3 de febrero de 1942, pero a poco de su nombramiento advirtió que el propósito manifiesto de los conservadores era mantener a toda costa su conducción, y presentó la renuncia el 1° de septiembre del referido año.

Ante la vacancia en la intervención, el Ministro del interior Culasiati designó para ese cargo al Dr. Dimas González Gowland, quien ocupaba el cargo de Decano de la Facultad de Derecho en la UBA, con el propósito de que encontrase un conservador más proclive a aceptar la candidatura de Justo para imponerlo como próximo gobernador.

Como el referido intento no pudo concretarse, dado que el referido partido designó como candidato a gobernador al Dr. Rodolfo Moreno, quien además tenía aspiraciones presidenciales, tal situación provocó la renuncia del referido interventor provincial.

El gobierno nacional designó en su reemplazo al coronel Enrique Rottger, quien sirvió a los intereses conservadores, en particular al Dr. Moreno y al mencionado ministro del Interior.

Las elecciones provinciales, que tuvieron lugar el 7 de diciembre de 1942, consagraron el triunfo conservador logrado a través del fraude.

Consolidación de Castillo

Con el apoyo del grupo de coroneles se produjo la brusca renuncia de Tonazzi y la designación en su lugar del general Pedro Ramírez.

La neutralidad

El 7 de diciembre de 1941 se produjo el ataque japonés a Pearl Harbor y la declaración de guerra de EE. UU. a ese país, beligerancia que extendió a Alemania e Italia el día 13 de ese mismo mes.

Frente a esa grave circunstancia, nuestro país se limitó a lamentar la situación y a declarar a los EE. UU. país no beligerante.

Las declaraciones de Castillo y del Ministro de Relaciones Exteriores, Enrique Ruiz Guiñazú, se limitaron a manifestaciones de solidaridad con el país del norte.

Frente a la actitud del gobierno, el movimiento "Acción Argentina", junto a la CGT (socialista), prepararon un acto en repudio de la actitud del gobierno.

Conferencia de Río de Janeiro

Corresponde señalar, en relación con el tema, que nuestro canciller, antes de ser designado, se desempeñaba como embajador de nuestro país ante la Santa Sede. Al ser elegido Ministro de Relaciones Exteriores, y a su paso desde Roma para asumir el cargo, se entrevistó en EE. UU. con el Coronel Benjamin Sumner Welles, quien, si bien lo juzgara antitotalitario, no encontraría en él a un convencido demócrata.

El pensamiento de nuestro Canciller se vio reflejado en el discurso pronunciado en la Conferencia de Río de Janeiro.

Ante la exigencia del representante de EE. UU., Sumner Welles, quien con tono imperativo reclamaba el cumplimiento de solidaridad votado en La Habana, la réplica de Ruiz Guiñazu fue contundente. Nuestro Canciller dijo:

> He venido a Río de Janeiro a hablar de paz y no de guerra, el pueblo argentino quiere la neutralidad y, en cumplimiento de obligaciones internacionales, había ido más allá al declarar no beligerante a los Estados Unidos. Tanto más cuando en La Habana

se convino la solidaridad por la agresión a un país americano y debería entenderse, lógicamente, que, por un ataque a territorio americano, pero si el hecho pasaba en una colonia en Oceanía, no podía invocarse la solidaridad continental. Y aun en el caso de una agresión continental, no podría ir más allá de una solidaridad amistosa. Pero decir que obligaba automáticamente a una guerra, era crear la supersoberanía que la Argentina rechazaba.

Estados Unidos no buscaba aliados, y ello se desprende del trato que proporcionan a cuantos les prestan su apoyo, que ni son consultados ni mucho menos tenidos en cuenta, sino simples comparsas de un tinglado que ni entienden ni manejan. En términos de interés nacional, no alcanzan a verse qué beneficios pueden proporcionar esas adhesiones que comienzan con ruptura de relaciones regimentadas y van a desembocar en declaraciones formales de guerra. La mesa de la paz no ha de tener en cuenta a tan molestos conmilitones, participantes de un conflicto donde no se dirime nada que los afecte o interese. Es, por lo tanto, fácil que, ante el cambio que los EE. UU. quieren convocar en la relación internacional del Continente, la Argentina encuentre argumentos más que de sobra para mantenerse alejada. Quebrar la neutralidad es ir contra toda lógica y sin beneficio nacional alguno por añadiría.

1943 - El tramo final - El fin del Justismo

Desde los años 38 al 42, Justo siguió elaborando su reelección para 1944. Con ese propósito, había conformado la fórmula Ortiz-Castillo. El primero, un antipersonalista carente de respaldo partidario, personalidad gris y oscura. Profesor universitario, el segundo, representante minúsculo del conservadurismo catamarqueño.

El apoyo militar perdió consistencia por los traslados y retiros de sus partidarios. No obstante, Justo tenía un innegable prestigio y así se mostró al frente de todo partido o movimiento denominado democrático, definiéndose como "pro-aliado". Asimismo, tenía apoyo de la prensa y de los círculos económicos y financieros.

Pese a la enconada resistencia que su nombre provocaba en el radicalismo, sus contactos con los hombres de la corriente Alvearista le brindan la condición de una disyuntiva entre "Él o El Fraude".

El acoso al radicalismo

La muerte repentina de Justo provocó un grave pero pasajero infortunio, que determinó a la dirigencia en general a seguir elaborando la construcción del frente democrático con la inclusión de la UCR.

Dos líneas dividían la conducción del aludido partido, una a la que no le importaba cómo llegar al poder y la otra, integrada por quienes pretendían una reacción ideológica. Los que apoyaban el "FRENTE" comienzan a ser llamados "Unionistas". La posición contraria, con epicentro en Córdoba, se llama "Intransigente", por la postura mantenida por el Dr. Amadeo Sabattini. No obstante, la proclamada y exigida unidad democrática no expone ni ideología ni proyectos concretos. La Intransigencia se opone a todo frente partidario y se pronuncia por la neutralidad, siguiendo la tradición Yrigoyenista. En la reunión llevada a cabo en Paraná, con la presencia de Sabattini, se habla de ruptura partidaria.

La "media palabra"

Aparentemente, el principal beneficiario con la muerte de Justo fue el Dr. Castillo y ello bajo la doble faz de Presidente y Jefe del conservadurismo nacional. Castillo era el único dueño de la situación, para digitar quién habría de sucederlo.

El silencio del Presidente, solo alterado con humoradas o sugestiones generales del tema, la incertidumbre y las dudas en el seno del partido. Tras una rápida decantación, los presidenciables quedaron reducidos a tres: Rodolfo Moreno, gobernador de Buenos Aires; Guillermo Rothe, Ministro de Justicia e Instrucción Pública, y Robustiano Patrón Costa, senador nacional.

Por su cuenta, y sin esperar el pronunciamiento o media palabra del Presidente, lanza su candidatura Rodolfo Moreno. Surge un señalado sustento a esta en la provincia de Buenos Aires, y la aparición de un manifiesto de 1500 hojas que contiene 120.000 firmas que la apoyan. Ello tiene por objeto desplazar el posible contacto de Castillo para la presidencia.

El partido conservador, de improviso, dice que se tiene que convocar a la Convención para elegir la fórmula. Como la actitud de Rodolfo Moreno es intransigente, el Ministro del Interior, Culaciatti, al salir del despacho presidencial, señala que está tratando la intervención a Buenos Aires, y la designación de su interventor. Ante la situación creada, Moreno renuncia a la gobernación. Como consecuencia de todo ello, Castillo se convierte en el único conductor del partido. Esto último ocurrió en el mes de abril de 1943.

Telón de fondo

El "frentismo" se había hecho eco del descontento militar.

En las elecciones de Entre Ríos, el radicalismo acepta gustoso el apoyo frentista para consagrar el gobierno de Laurencena.

La Convención Radical reanuda sus sesiones el 25 de abril. Resulta un triunfo unionista, que rechaza toda fórmula presidencial extrapartidaria, otorgando solo la vicepresidencia a un extrapartidario.

La salida de una fórmula mixta se aprueba por 88 votos contra 27, en la madrugada del 7 de mayo de 1943.

Se produce un enfrentamiento entre los Socialistas y dirigentes Progresistas. Pues los primeros pretenden el segundo término de la fórmula.

El 7 de mayo de 1943, el Senado de la Nación realiza una extraordinaria reunión, que comienza a las 11 h y concluye a las 12.30 h, a la cual concurren Gilberto Suárez Lago, Robustiano Patrón Costas y tres diputados antipersonalistas.

Elecciones Nacionales

Se llevaron a cabo el 1 de marzo de 1942 para la renovación del Congreso. En la Capital, se registró la derrota del Partido Radical y el triunfo del Partido Socialista. Los conservadores vencieron en Tucumán y Entre Ríos, donde obtuvieron un gran triunfo, respaldados con la figura de Castillo y su actitud neutralista.

Castillo Presidente

La prolongada enfermedad del Presidente Ortiz, que había determinado el interinato presidencial del Vicepresidente Castillo, culminó con la renuncia de aquel, presentada el 24 de junio de 1942, aceptada por la Asamblea Legislativa tres días después, lo que convirtió a Castillo en titular del Poder Ejecutivo.

El Dr. Ortiz falleció poco después, el 15 de julio del mismo año.

El Dr. Castillo, en su carácter de Presidente, se desempeñó como tal en la comida de camaradería de las Fuerzas Armadas realizada el día 7 de julio. En esas circunstancias fue recibido en el lugar por una clamorosa ovación sin precedentes, como lo harían constar en sus respectivas ediciones los diarios de la Capital. Idéntica recepción tuvieron sus palabras dirigidas al sostener la neutralidad.

La compra de material bélico

Ante la negativa de los Estados Unidos a vender armas a la Argentina y hacerlo en gran escala a Brasil, surgió la idea de hacerlo en Alemania.

Dado el destino elegido, la adquisición debía hacerse con extremo cuidado. Con ese propósito, se negoció con una misión comercial procedente de España. No obstante, esa posibilidad y la forma de llevarla a cabo tenían el inconveniente de no contar con el apoyo del Ministerio de Guerra, cuyo titular, el general Tonazzi, respondía totalmente a la postura del general Justo en favor de la causa aliada y era total partidario de la beligerancia contra el Eje.

La situación existente determinó el fin de la negociación de compra de armas en Alemania que, por otra parte, ante las derrotas sufridas en el frente ruso y en el alemán, pusieron en evidencia su futura derrota en el conflicto mundial.

Con el propósito de apoyar la neutralidad, se lanzó la campaña de un plebiscito por la paz con el fin de demostrar hacia dónde se inclinaba la opinión pública.

Se recogieron firmas en todo el país durante seis meses, entre marzo y agosto de 1942. La tarea contó con la colaboración de los gobiernos provinciales, la iglesia, el ejército, algunas entidades deportivas, la oposición de universidades dirigidas por liberales y las empresas inglesas.

Al cabo del tiempo señalado, se anunció que las firmas obtenidas alcanzaban el millón y el documento con las mismas fue entregado al Presidente Castillo por una delegación integrada por los señores: Carlos Astrada, Mario Molina Pico, Lizardo Zia y Homero Guglielmini, integrantes de la entidad promotora del plebiscito popular.

Conforme surge del documento que obraba en poder del Doctor Carlos Ibarguren, el doctor Castillo expresó:

> Que era muy conveniente hacer una explicación clara del alcance de la fórmula Argentina aprobada en Río para llevar al pueblo el verdadero sentido de su política internacional. No es exacto que la fórmula de Río tenga sentido compulsivo y obligatorio. La fórmula argentina, que fue enviada desde acá a la Asamblea, especifica

claramente que la oportunidad de la ruptura está subordinada a la situación, posición y circunstancia y leyes de cada uno de los países. En nuestra fórmula original habíamos puesto "situación geográfica"; la palabra geográfica fue borrada en el texto definitivo, lo cual no tiene importancia porque el sentido resulta igualmente claro. Nos referimos a que los países que están cerca del ámbito de la guerra y de los Estados Unidos pueden hallarse comprometidos de una manera muy distinta a países como la Argentina, moral y físicamente alejados de la guerra. De todas maneras, según el texto aprobado en Río, ningún país quede comprometido a romper sus relaciones con el Eje. Con esto salvamos el principio de la soberanía y la dignidad de cada nación americana, pues únicamente el propio Estado puede juzgar sobre la conveniencia de decidir sus propios destinos. La situación –como ustedes recuerdan– fue muy grave en aquellos momentos, porque si ese principio argentino no hubiese sido aceptado, nuestro país se habría retirado de la Conferencia y ello habría significado un verdadero desastre para los Estados Unidos, ya que entonces se habría venido abajo el frente americano. La actitud argentina estaba justificada, además, porque muchos países americanos no habían cumplido, desde el comienzo, con los acuerdos anteriores, al comprometerse sin previa consulta a una acción determinada. Nueve naciones se encontraban en semi estado de guerra, otras habían roto o anunciado ruptura de relaciones. Por otra parte, la Argentina ya había anticipado que no se hallaba dispuesta a romper con el Eje. Por desgracia, el único punto débil que, hasta cierto punto, me ha traído inconvenientes y dificultades lo constituyen las resoluciones de La Habana relativas a que la agresión a un país americano es considerada como una agresión a los demás países; pero hay un argumento a nuestro favor y es el que al referirse a agresión a países americanos no puede tratarse sino del territorio continental y no islas, bases o posesiones lejanas de carácter imperialista, como Pearl Harbor. La Argentina, por ejemplo, es víctima de una agresión permanente: las Malvinas, ya que estas islas siguen ocupadas por una potencia extracontinental".

No se puede negar que la situación se hace cada día más crítica con la presión norteamericana que hora tras hora aumenta su fuerza.

Se quiere presentar a la Argentina como el centro continental del espionaje alemán y esta maniobra es contraproducente, pues muestra al descubierto la misma falsedad de su intención. Ellos codician el apoyo argentino, no tanto por la misma ruptura, sino porque nuestro país puede ser la base del aprovisionamiento de guerra más importante y el mejor centro de operaciones para los Estados Unidos en guerra contra Europa. Creo que nos van a seguir aplicando el torniquete; vamos a tener que luchar cada día con más dificultades. Este asunto me apasiona y es mi convicción que el nudo de este problema consista en una cuestión de dignidad nacional. Los demás países americanos han perdido hasta la libertad de contratar y han dejado de ser países libres. Para hacer cualquier transacción tienen que consultar a los Estados Unidos y a Inglaterra. Somos actualmente el único país libre de América de Sur. Yo seguiré firme en mi posición y únicamente cuando vea la boca de los cañones yanquis en el puerto después de haber sido hundida nuestra escuadra y nuestros barquichuelos, recién entonces diré que no nos queda nada que hacer. Pero… no creo en eso.[3]

El desarrollo argentino durante la Guerra

Debe recordarse que, en 1940, fracasó el plan económico propuesto por Federico Pinedo, lo que significó la total falta de importaciones provenientes de Inglaterra.

Asimismo, hemos dejado expuestos los desacuerdos con los EE. UU., que también redundaron en las importaciones provenientes de ese país.

La situación descrita significó que el país debió apelar a sus propias fuerzas para desarrollar su crecimiento económico y laboral.

Junto con el mayor desarrollo de las viejas industrias nacionales, se fueron creando, primero de manera improvisada, luego con mayor desarrollo y calidad, productos textiles, máquinas,

---

3 *Obra citada*, Dictio, págs. 665-667.

artefactos eléctricos y otros derivados del petróleo. Junto con ello, aumentó significativamente la producción en viejas industrias de muebles, bebidas, confecciones, etc. En ese nuevo y hasta obligado panorama, el Estado cumplió un rol significativo y decisivo.

El Presidente Castillo creó "La Flota Mercante del Estado" por ley del 16 de octubre de 1941, lo que concretó adquiriendo 16 barcos italianos inmovilizados en el puerto de Buenos Aires y que totalizaban unas 136.544 toneladas. Posteriormente, se adquirieron, en 1942, cuatro buques daneses y tres alemanes; y, finalmente, en 1943, tres franceses y uno ruso.

El estado de neutralidad en que permaneció nuestro país le permitió las mencionadas adquisiciones. Los referidos barcos, dado el estado de beligerancia de sus respectivos países, no podían cruzar el Atlántico, lo que hizo posible su adquisición a precios accesibles. Todos los buques fueron bautizados con el nombre de los distintos ríos de nuestro país.

La flota creada permitió a nuestro país navegar libremente y comerciar sus productos con el exterior, lo que significó un importante ingreso de divisas.

Otra importante adquisición fue la explotación del Puerto de Rosario en manos de una empresa francesa, que, no obstante haber vencido su concesión, dilataba su devolución al Estado Nacional.

La ley 12.709, creadora de la Dirección de Fabricaciones Militares, fue ampliada ante la negativa de EE. UU. de vendernos armamentos, determinando que el 23 de enero de 1943 se crearan los Altos Hornos Zapla.

La industrialización del país produjo un incremento importante de mano de obra, de 760.000 obreros en 1938, llegaron 980.000 en 1943.

Gran parte de ese incremento obrero provino del interior del país, lo que habría de redundar en el futuro en el campo ideológico del movimiento obrero y la conducción de los sindicatos.

La situación política entre fines de 1942 y mayo de 1943

El embajador de los EE. UU., Armour, denunció actividades de espionaje alemán en nuestro país. El Presidente Castillo dispuso la investigación de lo denunciado por parte del Ministerio de Relaciones Exteriores, con prescindencia del Ministerio de Guerra, resolviéndose que la investigación estaría a cargo de un tribunal militar presidido por el Ministro de Marina.

Ante la conducta asumida por el Poder Ejecutivo, el Ministro de Guerra, General Tonazzi, presentó la renuncia el 16 de noviembre de 1942, la que fue aceptada de inmediato por el presidente, quien designó para el cargo al General Pedro Pablo Ramírez, quien tuvo decidido apoyo por parte de los jefes de unidades y los tenientes coroneles que habían hecho el planteo referido durante 1941. Ese apoyo fue decisivo a partir de la designación del coronel Enrique González como Secretario del Ministerio, profundamente vinculado al grupo de coroneles.

La formación del GOU

Muchas y variadas son las versiones sobre la organización, medios y fines de esta "Grupo de Oficiales Unidos". Según sostiene José María Rosa,[4] tuvo su origen en el grupo de Tenientes Coroneles que entrevistaron al Presidente Castillo, con el fin de requerirle una serie de medidas de las que hemos hecho particular referencia en este trabajo.

Sucesión presidencial

Como lo hemos señalado, la reaparición del General Justo tuvo como principal objetivo asegurar su candidatura para un nuevo período presidencial. Con ese propósito, ejercitó su influencia

---

4 *Historia Argentina*, Oriente, Tomo 12, pág. 324 y ss.

dentro del Ejército e impuso la designación del General Tonazzi como Ministro de Guerra y de otros altos oficiales en destinos estratégicos.

También, en lo referente a la política Internacional, se pronunció decididamente por la causa Aliada y el enfrentamiento directo con el Eje.

Como en el mes de febrero de 1944 terminaría el mandato del Dr. Castillo, en el mes de petiembre de 1943 deberían llevarse a cabo las elecciones nacionales para elegir sucesor.

En 1942, Justo ya no contaba con el apoyo político y militar predominante al término de su mandato. Eso lo determinó a lograr nuevos y decisivos adeptos, utilizando para ello la orfandad en que se encontraba el Partido Radical, por la muerte de Alvear, y el Partido Demócrata Progresista, por la desaparición de su creador y líder, Lisandro de la Torre. Asimismo, su proclamada decisión por la causa Aliada le atrajo el apoyo de los políticos y figuras relevantes de "Acción Argentina", que reunía a los más destacados partidarios de la ruptura con el Eje y también a los comunistas convertidos en representantes de la causa democrática. También contaba Justo con el apoyo norteamericano.

Resultó un elemento favorable paras sus propósitos la declaración de guerra de Brasil a los países del Eje en abril de 1942.

En esas circunstancias, y aprovechando su condición de General Honorario de ese país, les ofreció sus servicios, por lo que resultó invitado por el presidente Getulio Vargas a los festejos conmemorativos de la Independencia brasileña, a celebrarse el día 7 de septiembre, a los que se trasladó en su avión presidencial.

Su partida, desde el Aeropuerto de Morón, contó con el apoyo de todos los sectores autodenominados democráticos del país, lo que le significó un importante apoyo para sus propósitos.

Los acontecimientos mencionados, unidos al acercamiento con los partidos autodenominados "democráticos", salvo los radicales intransigentes liderados por el cordobés Amadeo Sabattini, desaparecieron súbitamente cuando el 11 de enero de 1943 Justo moría de manera repentina como consecuencia de una embolia cerebral.

Tan dramática circunstancia obligó a la unión democrática a buscar un sustituto para que encabezase la fórmula de la futura presidencia. En primera instancia, se pensó en Carlos Saavedra Lamas, prestigioso exministro de Relaciones Exteriores, galardonado con el Premio Nobel de la Paz, pero, ante la resistencia que despertaba frente a los sectores más populares, se pensó en el reciente designado Rector de la UBA, el Dr. Honorio Pueyrredón, quien contaba con el apoyo de los dos sectores del Partido Radical y a quien se le respetaba por su conducta y total lealtad a Hipólito Yrigoyen.

Por su parte, los comunistas impulsaron la candidatura del General Ramón Molina, quien, si bien había sido colaborador de Uriburu, se había mostrado, en una conferencia pronunciada en el Círculo Militar, como un decidido partidario de la nacionalización de los ferrocarriles y defensor de una justicia social y de elecciones libres.

Las candidaturas oficialistas

Habida cuenta de los antecedentes que hemos señalado, el doctor Castillo se convirtió en el único árbitro para la designación de su sucesor en su ámbito político.

Si bien el prestigio logrado por Castillo, a partir del Tratado de Río de Janeiro, lo habilitaba –conforme al artículo 77 de la entonces Constitución vigente– a postularse como candidato presidencial, este descartó esa posibilidad. Quedaban en el campo partidario tres candidatos: Rodolfo Moreno, gobernador de la Provincia de Buenos Aires; Robustiano Patrón Costa, Presidente Provisional del Senado y jefe del Partido Demócrata Nacional, y Guillermo

Rothe, Ministro de Justicia e Instrucción Pública. Castillo surgió, entonces, como el "gran elector" en esa disputa.

De los tres postulantes mencionados, el Dr. Moreno fue quien desarrolló la mayor actividad política en búsqueda de concretar sus aspiraciones. En primer término, se manifestó como decidido partidario de la libertad, afirmando su vocación "democrática" y sosteniendo que, de ser el presidente electo, pronunciaría a la República por la causa aliada.

En febrero de 1943, invitó a los convencionales del Partido Demócrata Nacional a proclamar su candidatura, expresando con ese propósito: *"Tengo las condiciones constitucionales y una larga foja de servicios".*

Pese a las promesas y proyectos enunciados por Moreno, el 17 de febrero de 1943 Castillo llamó a su despacho al Dr. Rothe, quien, al salir de esa entrevista, expresó a los periodistas que lo interrogaron que se dirigía al domicilio del Dr. Patrón Costa, con el propósito de felicitarlo por su designación como candidato a la presidencia de la República.

La decisión de Castillo le significó la pérdida del prestigio que había ganado con su posición neutralista y sus políticas nacionales. El periódico *Nueva Política*, en la voz de Matías Sánchez Sorondo, se lo hizo saber y con ello anunció su no lejana caída.

Pese a la decisión presidencial, el Gobernador de la Provincia de Buenos Aires, no cejó en sus aspiraciones presidenciales que incluyeron intentos de alianza y el uso de la mayoría de electores con que contaba la Provincia.

Sus intentos se vieron frustrados junto con la decisión de intervenir la provincia por el Poder Ejecutivo, lo que determinó su renuncia y su alejamiento de la política nacional.

El Dr. Castillo no tuvo ni pretendió tener liderazgo político. Hemos explicado la razón de su vicepresidencia y de su posterior primera magistratura. No obstante, Castillo logró el silencioso reconocimiento popular motivado por su férrea e indeclinable posición neutralista durante el conflicto mundial.

La intransigente posición y defensa de la soberanía nacional, magníficamente expuesta por su entonces Canciller Enrique Ruiz Guiñazú en el Congreso de Río de Janeiro, constituyó su más relevante título del mencionado reconocimiento.

La designación de la candidatura del Doctor Robustiano Patrón Costas, devenida de la lucha partidaria, fue la razón exclusiva de su derrocamiento y ello, como veremos, surge claramente de lo que expondremos en los capítulos siguientes.

Capítulo III

Destitución del Dr. Castillo - Revolución del 4 de junio de 1943 (1943-1946)

La designación del General Pedro Pablo Ramírez como Ministro de Guerra del Presidente Castillo significó un hecho que a la postre conduciría, como veremos, a la ruptura del orden constitucional que se conservaba desde 1932.

Vale señalar como un antecedente de singular importancia la repentina muerte del General Agustín Pedro Justo, acaecida el 11 de febrero de 1943, circunstancia que dejó a una gran parte de los altos mandos del Ejército sin su conductor y caudillo.

La Revolución del 4 de junio de 1943 ha sido analizada en numerosos trabajos con distinta óptica y dispar objetivo.[1] A la luz de las fuentes documentales que surgen de ellos y de la abundante crónica periodística de la época, trataremos de desarrollar el presente capítulo.

La circunstancia del fallecimiento del General Justo, que hemos destacado, posibilitó el desarrollo y expansión de la organización existente dentro del Ejército, conocida como Grupo Obra y Unificación o Grupo Oficiales Unidos y reconocido como G.O.U., organización que en poco tiempo se transformó en el factor más gravitante de la institución.

---

1 Enrique Díaz Araujo, *La Conspiración del 43: el GOU: una experiencia militarista en la Argentina*; Robert Potash, *El Ejército y Política en la Argentina*; Juan V. Orona, *Perón y el G.O.U* y *La Logia Militar que derrotó a Castillo*, y Félix Luna, *El 45*.

Sobre la importancia y decisiva acción del GOU, resulta menester, aunque de manera sintética, una descripción de su origen, objetivos y fines. Destacando particularmente el rol que desempeñaron algunos de sus integrantes en la Revolución del 4 de junio y en el gobierno surgido de la misma.

Al referirse a los orígenes del GOU, Díaz Araujo, en la obra citada, se remite a un discurso pronunciado por Juan Domingo Perón, el 21 de diciembre de 1945, en carácter de candidato presidencial, oportunidad en la que sostuvo:

> Antes del 4 de junio y cuando el golpe de Estado era inminente, se buscaba salvar las instituciones con un paliativo o con convenios políticos. A los que comúnmente llamamos acomodos. En nuestro caso, ello pudo evitarse; en previsión de ese peligro, habíamos constituido un organismo serio, injustamente difamado, el famoso GOU. El GOU era necesario para quien la revolución no se desviaría, como la del 6 de septiembre.[2]

Señala el autor que mencionamos, que, a partir de las afirmaciones transcritas, muy variadas fueron las opiniones sobre los orígenes del GOU. Pero fue después de la caída del segundo gobierno de Perón, en 1955, que se publicaron más datos objetivos sobre el origen de la logia que nos ocupa.

Afirma Díaz Araujo, en coincidencia con Oroma, que la organización del GOU respondió a la iniciativa de un conjunto de jefes sin que existiese un jefe absoluto y, al respecto, dice:

> ... ellos –en referencia a los jefes– sancionaron las bases originales que se referían a los métodos para unificar el ejército, el neutralismo en la guerra mundial y a la oposición al frente popular que se gestaba por el comunismo.[3]

---

2 Díaz Araujo, *Obra citada*, La Bastilla, pág. 33.
3 *Obra citada*, pág. 34.

Más adelante, y también coincidiendo con Orona, expresa:

> … comenzaron por elegir a diez entre ellos y constituyeron una especie de decenviro, al que dieron el nombre del Grupo Organizador y Unificador: los directivos debían trabajar bajo el más absoluto sigilo y mantener el anonimato.[4]
>
> Del referido nombre surgió la sigla GOU con que se designó a la logia. La misma servía tanto para el grupo, como para la logia, pero las resoluciones solo las tomaba el grupo.
>
> Cada decenviro se encargó de enrolar por lo menos a cuatro camaradas (jefes u oficiales combatientes). Con los nuevos enrolados se formó el primer escalón. Cada integrante de este enroló a su vez a otros cuatro o más oficiales y así surgió el segundo escalón. El enrolado solo conocía a su "camarada base", con quien se entendía y de quien dependía a los efectos de informar y a su vez ser informado. Uno de los decenviros hacía de agente de unión entre el grupo y el Ministerio de Guerra; otro, de agente de informe con la misión de mantener al día todo lo relacionado con la información, y un tercero se encargaba de armonizar las resoluciones y directivas de la logia.
>
> El grupo mantenía el anonimato y carecía de jefe. Cada uno de sus miembros tenía los mismos derechos y las mismas obligaciones. Mientras durara el reclutamiento de adherentes y no fuera necesario pasar a la acción, debía mantenerse en absoluto el anonimato y la inexistencia de una cabeza. En cambio, en el momento de pasar a la acción sería indispensable contar con un jefe. Este sería el Ministro de Guerra, Jefe natural del Ejército, y, si por cualquier circunstancia el ministro no pudiera ejercer el comando, el grupo se encargaría de nombrar otro jefe.
>
> …el GOU estaba asegurado aun contra sí mismo por el compromiso de sus propios miembros que, en el acto de su incorporación, entregaron su solicitud de retiro, firmada y sin fecha, para responder así a su conducta y honra militar.[5]

---

4 *Obra citada.*
5 Díaz Araujo, *Obra citada*, págs. 44-45.

En cuanto a su ideología, y pese a afirmaciones de diferentes sectores, no existe documentación que las corrobore. Lo que sí debe admitirse, es que dos figuras provenientes del nacionalismo influyeron en las bases y conformación del GOU: Jordán Bruno Genta y José Luis Torres.

Respecto del segundo, su incesante prédica había logrado que se llegasen a esclarecer graves actos de corrupción, llevados a cabo por políticos de extracción conservadora vinculados con el gobierno, así como también por militares pertenecientes al grupo que había liderado el expresidente Justo.

En tal sentido, merece recordarse que, a raíz de esos hechos, José Luis Torres denominó a la época de esos sucesos como "Década infame".

Los trabajos de este autor, titulados *Los Perduellis* y *Algunas maneras de vender la Patria*, tuvieron gran circulación y fueron difundidos en las filas castrenses, formando parte de la bibliografía divulgada y recomendada por los integrantes del GOU.

Tal afirmación aparece documentada a través de la Noticia N.º 5, que el citado Potash transcribe en su obra titulada *Perón y el GOU*, y que textualmente decía:

> Como un medio de conocer y apreciar algunos de los gravísimos hechos consumados en los gobiernos anteriores, se aconseja la lectura y comentario de la bibliografía siguiente: *La tragedia Argentina* del Señor Benjamín Villafañe, *Una de las tantas maneras de vender a la Patria* del señor Luis Torres, *Carta abierta de Luis J. Torres al Dr. Miguel Culaciati* e *Historia de los Ferrocarriles Argentinos* del Señor Scalabrini Ortiz.
> La presente circular debe hacerse conocer a todos los afiliados. (Perón y el GOU. Documentos de una logia secreta).[6]

Todo cuanto ha quedado expresado muestra cómo a José Luis Torres le cupo la tarea de guiar a la Logia en su propósito de

---

6 Sudamericana, 1984, pág. 115.

terminar con la corrupción y los negociados en los que se hallaban involucrados algunos políticos de la época.

En cuanto a Jordán Bruno Genta, fue el mentor intelectual del GOU, quien aportó su enorme y reconocido talento, y quien debió haber inspirado fuertemente en los oficiales que urdían el plan revolucionario.

En la obra de Potash que hemos citado, el autor señala que, en los primeros meses de 1943, el GOU publicó un documento sobre la situación existente que sintetiza en los siguientes términos:

> 1) La Argentina se abstiene a participar activamente en un conflicto armado extracontinental. 2) Sus vecinos próximos y más alejados están empeñados en romper esa abstención; el más poderoso de ellos, el que indudablemente rige la política del continente americano –particularmente activo de aquel conflicto– presiona sobre nuestro país y obliga a los otros vecinos a que lo acompañen en su política de guerra y que también lo hagan. 3) La abstención argentina se funda, en su tradición histórica de libertad de pensamiento, de respeto a su propia soberanía, de gran país potencia con conciencia propia, rectora de sus propios destinos, etc. Esto afecta al país que en este momento se considera rector de los destinos de América. 4) La posición argentina no afecta sino espiritualmente a los intereses de las plutocracias. 5) Los vecinos advierten un peligro de extraordinario crecimiento de la influencia argentina en el caso de triunfo del Eje en la guerra.[7]

Si bien lo expresado y transcrito es una exposición sintética de lo que representó y significó el GOU para la revolución del 4 de junio de 1943, la consideramos indispensable para exponer con la mayor claridad los acontecimientos que se fueron desarrollando luego del estallido de la misma y el rol que cupo a algunos de sus integrantes.

---

7 Potash, *Obra citada*, Sudamericana, pág. 192.

El estallido revolucionario y los sucesos inmediatos

El panorama político e internacional, que hemos venido describiendo desde el capítulo anterior, constituyó la antesala de la revolución militar que estalló el 4 de junio de 1943.

El referido golpe de Estado, conforme ha sido descrito por la mayoría de los autores que se han ocupado de este, fue la consecuencia de los factores que hemos descrito en el primer párrafo.

Entre las motivaciones internas resultó el principal motivo desencadenante la persistente y desembozada política fraudulenta, impulsada por un sector del conservadurismo y del antipersonalismo de activa participación en el gobierno nacional y en el de algunas provincias. Lamentablemente silenciada por Presidente Castillo.

Precisamente, esos grupos impulsaron la candidatura del doctor Robustiano Patrón Costas, para suceder al Presidente al término de su mandato.

El aludido candidato, empresario azucarero, fue durante toda su militancia política, en las filas del partido conservador, de tendencia liberal y de conducta proclive a la política fraudulenta y, debido a ello, profundamente repudiado por el pueblo, particularmente por la oficialidad de las Fuerzas Armadas.

En cuanto a la situación internacional, resulta obvia la importancia del conflicto mundial que, como lo hemos venido destacando, tenía una excluyente repercusión en todos los ámbitos del país.

Como veremos, este último factor, a poco de triunfar la revolución, se transformó en el más importante y casi excluyente. La razón de ello y pese a las distintas tendencias que se manifestaron en especial dentro del Ejército, todas ellas consideraban imprescindible lograr el equipamiento de nuestras Fuerzas Armadas, poseedoras entonces de un material bélico manifiestamente obsoleto, lo que implicaba una manifiesta desventaja respecto de otros países vecinos, particularmente Brasil.

El último país nombrado, en virtud de su política de alianza con EE. UU., recibió de este país la instalación de una fundición de acero en Volta Redonda, le envió una misión naval que le reacondicionó naves de guerra y le financió la construcción de tres destructores, una fábrica de explosivos y varios aeródromos. Todo ello significó quebrar el equilibrio de fuerzas entre ese país y el nuestro.

El contenido de la proclama revolucionaria, si bien de carácter abstracto, no dejó de señalar lo complejo de la situación internacional. Decía el referido documento:

> Las Fuerzas Armadas de la Nación, fieles, celosas, guardianas del honor y tradiciones de la Patria, como asimismo del bienestar, los derechos y libertades del pueblo argentino, ha venido observando silenciosa pero muy atentamente las actividades y el desempeño de las autoridades superiores de la Nación. Ha sido ingrata y dolorosa la comprobación. Se han defraudado las esperanzas de los argentinos, adoptando un sistema de venalidad, el fraude, el peculado, la corrupción. Se ha llevado al pueblo al escepticismo, a la postración moral, desvinculándolo de la cosa pública explotada en beneficio de siniestros personajes movidos por la más vil de las pasiones.
>
> Dichas fuerzas consientes de la responsabilidad que asumen ante la historia y ante el pueblo, cuyo clamor ha llegado a los cuarteles, declaran cumplir con el deber de esta hora que les impone salir en defensa de la patria.
>
> PROPUGNAMOS la honradez administrativa, la unión de todos los argentinos, el castigo de los culpables y la restitución al Estado de todos los bienes mal habidos.
>
> SOSTENEMOS nuestras instituciones y nuestras leyes, que no son ellas sino los hombres quienes han delinquido en su aplicación.

ANHELAMOS firmemente la unidad del pueblo argentino, porque el Ejército de la patria, que es el pueblo mismo, luchará por la solución de los problemas y la restitución de los derechos y garantías conculcados.

LUCHAREMOS por mantener una real e integral soberanía de la Nación, por cumplir firmemente el mandato imperativo de su tradición histórica, por hacer efectiva una absoluta, verdadera y leal unión y colaboración americana y cumplimiento de los pactos y compromisos internacionales.[8]

Respecto del hecho revolucionario, su conducción y la forma como se llevó a cabo, surgen algunas diferencias entre los autores que se ocuparon del tema.[9]

Producido el hecho revolucionario y derrocado el gobierno constitucional, el General Arturo Rawson, que había encabezado la Revolución, dio a conocer la integración del gabinete que habría de acompañarlo en su gestión. No obstante, tres días después, el 7 de junio, sin llegar a asumir formalmente la presidencia, Rawson fue reemplazado por el General Pedro Pablo Ramírez, quien prestó juramento como Presidente Provisional el mismo día 7 e integró su gabinete.

Como Vicepresidente fue ratificado el Almirante Sabá Héctor Sueyro.

Ministro del Interior fue designado el Coronel Alberto Gilbert, perteneciente al GOU.

En Relaciones Exteriores y Culto, la designación correspondió al Vicealmirante Segundo V. Storni.

---

8   *La Nación*, del 5 de junio de 1943, pág. 1.

9   Potash, *El Ejército y la política en la Argentina, 1928-1843*, Sudamericana, pág. 274; Juan Orona, *La logia militar que derrotó a Castillo*, Buenos Aires, 1966, pág. 38; José María Rosa, *Historia Argentina, Tomo 13*, Oriente, 1979, pág. 22 y ss.; Alberto Ciria, *Partidos y poder en la Argentina moderna*, Jorge Álvarez, 1964, pág. 101 y Enrique Díaz Araujo, *La conspiración del 43*, La Bastilla.

Ministro de Hacienda fue nombrado, el único civil, el Sr. Jorge Santamarina, que venía desempeñándose como Presidente del Banco Central.

Para la cartera de Justicia e Instrucción Pública se designó al Coronel Elvio C. Anaya, representante de la oficialidad de Campo de Mayo.

Como Ministro de Guerra fue elegido el General Edelmiro J. Farrell, quien contó con el apoyo del GOU.

En el Ministerio de Marina se ratificó la adelantada designación del Contraalmirante Benito Sueyro.

Por último, para las carteras de Agricultura y Obras Públicas, fueron designados el General Diego A. Mason y el Vicealmirante Ismael Galindez, respectivamente.

Pese a las distintas versiones e hipótesis desarrolladas respecto del reemplazo citado, hoy posee la casi unánime opinión de que la caída del General Arturo Rawson se debió a que, para el GOU, quien debía encabezar el gobierno de la Revolución era el General Ramírez. Avala esa conclusión la documentación perteneciente al GOU de la que surge que la revolución gestada por esa logia y llevada a cabo por el ejército tuvo el apoyo material y espiritual del General Ramírez.[10]

Las figuras designadas por Ramírez para integrar el gabinete ministerial tenían en principio el general acuerdo de las fuerzas armadas.

El movimiento triunfante en la Argentina provocó cierta perplejidad en los Estados Unidos y si bien se ignoraban los reales propósitos de este, el gobierno de Washington se apresuró a reconocer el nuevo gobierno. Al respecto, su Secretario de Estado, Codell Hull, sostuvo que ese reconocimiento constituía una expresión de rutina y que las relaciones con el nuevo gobierno se

---

10 Díaz Araujo, *Obra citada*, págs. 110-111.

hallaban garantizadas por sus declaraciones de política futura, en obvia referencia a lo que expresaba la proclama revolucionaria. Consolidado luego, como veremos, en el gobierno de facto.

Contribuía a lo expresado por el mencionado Secretario de Estado lo manifestado por el reciente designado Ministro de Relaciones Exteriores, Almirante Segundo A. Storni, quien poco después de haber asumido su cargo declaró que la República Argentina habría de unirse a los aliados, decisión ésta que, solo requería poco tiempo para preparar a la opinión pública del país.

Esas declaraciones del nombrado ministro fueron ratificadas a través de una carta dirigida al entonces Vicepresidente de la República Oriental del Uruguay, que se desempeñaba como Presidente del Comité de Defensa Política del Continente, con sede en la Ciudad de Montevideo.

Asimismo, en la referida carta, el ministro expresaba que el gobierno argentino habría de revisar su política exterior.

Las manifestaciones del ministro Storni no contaron con el apoyo del GOU quien, por lo contrario, con fecha 17 de julio, mediante una "Noticia" (forma de comunicación de la Logia) expresaba a sus adherentes:

> Todo enrolado en la obra del GOU debe saber y sentir que nuestra neutralidad es el símbolo de la soberanía nacional ante presiones foráneas y que ello no constituye ni una adhesión ni un repudio a ninguno de los bandos en lucha.[11]

La repercusión del golpe en la ciudadanía

Previo a continuar con el relato de los hechos que se fueron produciendo luego de la instalación del gobierno revolucionario, resulta propio destacar cómo recibió la ciudadanía el estallido revolucionario y la instalación del nuevo gobierno.

---

11 Potash, *Obra citada*, Sudamericana, pág. 314.

Merece señalarse que todos los partidos aplaudieron el triunfo revolucionario.

El primero de ellos en desengañarse fue el partido Comunista, pues el General Rawson, al día siguiente del golpe y sin haber asumido la presidencia, dispuso la clausura del diario *La Hora*, órgano de ese partido.

Los diarios *La Nación*, *La Prensa*, *La Razón*, *El Mundo* y *Noticias Gráficas* reconocieron los buenos propósitos contenidos en la Proclama Revolucionaria. En particular, *La Vanguardia*, órgano del Partido Socialista, pidió al gobierno de la Revolución eliminar los brotes nazis existentes en el país.

Por su parte, tanto los radicales como los socialistas se declararon los partidos creadores del clima revolucionario.

En realidad, la revolución no tenía apoyo popular y solo había despertado en ese ámbito expectativas.

El recrudecimiento de la cuestión internacional

Ante las serias dificultades que la ratificación de nuestra neutralidad provocó en las relaciones con los Estados Unidos y su embajador en nuestro país, el señor Richard Armour determinó a nuestro canciller Storni a remitir, por intermedio del citado embajador, unas cartas dirigidas directamente a Secretario de Estado, Cordell Hull.

En la referida carta, le expresaba de manera especial que el pueblo argentino, las fuerzas armadas, y particularmente el gobierno poseían fuertes convicciones democráticas, que, en virtud de ello, debían rechazarse las versiones que atribuían al Presidente y a los hombres que lo acompañaban simpatías para con las potencias del Eje. Asimismo, le expresaba que en esos momentos en que la derrota de esos países era casi inminente, resultaba impropio y hasta carente de hidalguía una ruptura con los referidos países.

En otra parte, reclamaba de la Unión el suministro de aviones, armas y repuestos, negados hasta entonces y, por último, reclamaba "comprensión" para el gobierno surgido de la revolución del 4 de junio.

La respuesta a la ingenua e imprudente carta precedentemente reseñada, cuyo contenido significaba un agravio a nuestro país, no se hizo esperar. Fechada el 30 de agosto, nuestro gobierno recibió la respuesta firmada por el Secretario de Estado.

En su contenido, el aludido funcionario se congratulaba, en primer lugar, de que el pueblo argentino se sintiese indisolublemente unido a los demás pueblos americanos, para luego expresar, en términos irónicos y altaneros, que el pueblo norteamericano observaba que estos sentimientos no se traducían en obligaciones que el gobierno argentino había contraído conjuntamente con otros países americanos y afirmaba tales conceptos, recordando que nuestro gobierno era el único de América que mantenía relaciones con las potencias del Eje.

Con respecto al pedido de Storni, reclamando suministro de armamento, lo consideraba carente de sustento ante la vigencia de la doctrina interamericana de solución pacífica de las disputas internacionales, razón por la cual la entrega de elementos bélicos estaba destinada exclusivamente para contribuir a la defensa del hemisferio y, como la República Argentina había dispuesto que sus fuerzas armadas no habrían de emplearse para impulsar la causa de las Naciones Unidas en la presente guerra, resultaba imposible al presidente de los Estados Unidos concretar un acuerdo conforme la ley de Préstamos y Arriendos para suministrar armas a la República Argentina.

Ambas cartas fueron dadas a conocer tanto por la prensa de los Estados Unidos, como también por la de otros países americanos y, naturalmente, por la prensa del nuestro del día 8 de septiembre de 1943.[12]

---

12 *La Nación*, pág. 1; *La Prensa*, pág. 5 y *El Mundo*, pág. 1.

El conocimiento de ambas cartas tuvo una inmediata desfavorable repercusión, lo que derivó en la renuncia del ministro Storni a quien el gobierno provisional sustituyó por el coronel Alberto Gilbert, que venía desempeñándose como ministro del Interior.

El nuevo ministro, el día 20 de enero de 1944, informó al Embajador Armour que, durante el curso del mencionado mes, el gobierno argentino rompería relaciones con las potencias del Eje. Esta noticia, comunicada al gobierno de los Estados Unidos, provocó una expresiva felicitación por parte del Secretario de Estado, Cordell Hull.

Previamente a materializar la anunciada ruptura, teniendo en consideración la gravitación del GOU en las filas del Ejército y del gobierno mismo, la cúspide de la mencionada Logia se reunió para acordar los pasos a seguir frente a la anunciada ruptura.

Durante esas deliberaciones se pronunciaron en favor de la ruptura el Teniente Coronel Enrique González, Secretario de la Presidencia; el Coronel Juan Domingo Perón, Secretario del Ministro de Guerra; el Coronel Emilio Ramírez, Jefe de la Policía Federal y el Coronel Eduardo Avalos, Jefe del Acantonamiento de Campo de Mayo. Por su parte, en contra de la ruptura se manifestaron: el Coronel Urbano de la Vega: el Teniente Coronel Julio Argentino Lagos y el Mayor León Bengoa. Como consecuencia de ello, se impuso la tesis rupturista.

Conforme a lo anunciado por el ministro Gilbert, la ruptura de relaciones se materializó el 28 de enero del referido año.

Merece señalarse que, conforme con la verdad histórica, el verdadero motivo de la ruptura respondió a la pobre situación en que se encontraban nuestras Fuerzas Armadas y la imperiosa necesidad de lograr su reequipamiento, el cual solo habría de lograrse con la medida adoptada.

El gobierno de la Revolución invocó, como causa de la ruptura de relaciones, el descubrimiento de una vasta red de espionaje descubierta por la Embajada Británica y puesta en conocimiento de nuestras autoridades, en la que se hallaba involucrado un diplomático argentino de nombre Alberto Helmuth, quien se desempeñaba como agente del gobierno alemán.

Merece destacarse en relación con ello que el Embajador Británico en nuestro país, sir David Kelly, fue quien sugirió a nuestro gobierno los fundamentos de la ruptura.[13]

La ruptura de relaciones con el Eje repercutió fuertemente en el seno del gobierno, generando manifestaciones de rechazo entre las que deben destacarse la renuncia del Ministro de Justicia y Educación Martínez Zuviría, el Intendente de la Ciudad de Tucumán; Federico Ibarguren y el Rector de la Universidad de esa misma ciudad, que dispuso el cierre de esa casa de estudios en señal de duelo.

Entre las referidas actitudes de repudio merece señalarse, por el tenor de su contenido, el artículo publicado en el diario *El Pampero*, con la firma de Enrique Osés, titulado "Nuestro Deber". Entre otros conceptos, el artículo mencionado señalaba: *"... al fundamentar la resolución del gobierno implican un desmedro de nuestra soberanía..."*.[14] Como consecuencia del contenido de ese artículo, el diario fue clausurado.

En síntesis, la referida estructura significó para Perón y la Revolución misma una realidad de enorme proyección histórica, como veremos a lo largo de este trabajo.

La compleja marcha del gobierno de la Revolución

En el ámbito interno surgieron en el seno del gobierno serios desacuerdos en su conducción, que generaron desplazamientos de personas. Algunas de las cuales fueron de particular importancia en la conducción de la revolución.

---

13 D. Kelly, *El poder detrás del Trono*, Buenos Aires, 1963, pág. 47.
14 *El Pampero* del 27 de enero de 1944, pág. 1.

En el mes de febrero del año que nos ocupa, para el Teniente Coronel Enrique González, figura prominente del régimen, como también para otros jefes, la creciente figura del Coronel Perón significaba un peligro para la marcha del gobierno.

No obstante, la coincidencia que despertaba el juicio del Secretario General de la Presidencia, este tenía un antecedente que lo desprestigiaba, el cual consistía en haber colaborado en la redacción de la descalificada carta de Storni. Así como también haber tolerado la presencia en el gobierno de los ministros Santamarina y Galindez, ambos vinculados con los intereses del gobierno destituido, y denunciados por el periodista José Luis Torres, en un difundido artículo publicado en el diario *Cabildo*, en su edición del día 2 de agosto de 1943.

Contemporáneamente, el Presidente Ramírez tuvo actitudes vacilantes y contradictorias respecto de Perón y la marcha del gobierno.

Un ejemplo de ello fue su iniciativa de apoyar al General Rossi, comandante de la Primera División, para deponer al Ministro de Guerra, General Farrell, y al Secretario General, Coronel Perón, para luego dar marcha atrás. Actitud que, lejos de consolidarlo, lo desprestigió.

Simultáneamente, se produjo, en ciertos sectores de la Fuerzas Armadas –en particular la Marina– un movimiento encabezado por el ministro de esa arma, Benito Sueyro, qye tenía por principal objetivo el desplazamiento del mencionado Ministro Farrell y del Coronel Perón. El aludido proyecto contaba con el apoyo del propio Presidente.

Sin embargo, a punto de producirse su estallido, el Presidente Ramírez pidió su postergación por 48 horas. Tiempo que le resultaba necesario para trasladarse y regresar de la Ciudad de Azul, a donde había comprometido su presencia con anterioridad.

Conforme lo acordado –el 12 de octubre de 1944–, a las 4 de la mañana, el tren presidencial que lo trasladaba de regreso fue detenido a la altura de Chascomús, y un grupo de oficiales del Ejército ascendió al tren y entregaron al Presidente dos decretos en los que solo faltaba su firma. Por uno de ellos, designaba al General Edelmiro J. Farrell vicepresidente de la República, cargo que había quedado vacante por la muerte del Almirante Sabá H. Sueyro, con retención de su cargo de ministro. En tanto, por el otro decreto aceptaba la renuncia de los ministros Santamarina, Galindez y Anaya. Los nombrados no habían presentado la renuncia. El Presidente procedió a firmar ambos documentos.

El mismo día, en horas de la tarde, se dio a conocer el nombre de quienes ocuparían el lugar de los renunciantes. Como así en otras carteras.

En Relaciones Exteriores, se designaba al General Gilbert que se venía desempeñando en carácter de interino desde la renuncia del Almirante Storni; para la cartera de Justicia e Instrucción Pública, al doctor Gustavo Martínez Subiría; en Interior, al General Luis Perlinger; en Obras Públicas, al Capitán de Navío Ricardo Vago y en Hacienda, al doctor Cesar Ameghino.

De resultas de todo ello, quedó frustrado el golpe proyectado y la figura del Presidente totalmente desvalorizada.

Al propio tiempo, las designaciones del General Perlinger y del Doctor Gustavo Martínez Zubiria, en particular este último, dieron a la revolución un marcado acento nacionalista. que se mantuvo de manera particular hasta la ruptura de relaciones con el Eje. Motivo que provocó la renuncia de este último, como ya hemos mencionado.

La conmoción entre la oficialidad joven del ejército generó también el desplazamiento de los coroneles Enrique González y Gulbert, producidos el 15 de febrero.

Conforme con todo lo descrito, la revolución a comienzos de 1944 había ingresado en un momento de confusión y pérdida de objetivos claros, donde el propio presidente era un motivo de esa falta de orientación y confusión.

La situación existente, que también significó la disolución del GOU, generó, en cambio, el fortalecimiento del Vicepresidente Farrell y de Juan Domingo Perón. Tal estado de cosas determinó que el 25 de febrero el Presidente Ramírez presentara la renuncia, que, a instancias de Farrell, Perón y otros oficiales, tornaron en un pedido de licencia con la delegación del mando en la persona del Vicepresidente Farrell, y evitar de ese modo la necesidad del reconocimiento de un nuevo gobierno provisorio.

No obstante la intención referida, la Secretaría de Estado de los Estados Unidos y la Cancillería Británica instruyeron a sus respectivas embajadas en nuestro país a evitar todo contacto con las nuevas autoridades.

El estado de cosas descrito determinó que, pocos días después, el 9 de marzo, el Presidente Ramírez presentase la renuncia definitiva, que dirigió al Vicepresidente Farrell con una copia enviada a la Corte Suprema de Justicia.

La designación del General Farrell en reemplazo de Ramírez significó también el ascenso a la Vicepresidencia del Coronel Perón, quien mantuvo su condición de Ministro de Guerra y de Secretario de Trabajo y Previsión.

Los sucesos que hemos descrito generaron una reacción negativa por parte de los Estados Unidos. Una vez más, el Secretario de Estado de ese país, Cordell Hull, manifestó públicamente su juicio adverso sobre la revolución y en particular sobre el Coronel Perón, a quien atribuyó conductas totalitarias y demagógicas de las que tenían conocimiento a través de los informes del Embajador de su país en la Argentina.[15]

Las imputaciones referidas, así como también análogos juicios de la prensa de ese país, determinaron al gobierno a disponer el retiro de su embajador, Richard Armuor, el 6 de abril de 1944,

---

15 Joseph Page, *Perón*, Parte 1ª, Javier Vergara, pág. 94.

hecho al que nuestro gobierno respondió con el regreso de nuestro Dr. Adrián Cesar Escobar. Asimismo, el gobierno norteamericano no reconoció al gobierno del General Farrell.

Frente a la compleja y difícil situación planteada, el Coronel Perón promovió importantes gestiones con el fin de revertir el mencionado estado de cosas; y, con ese propósito, habría buscado contactos con el exembajador que permanecía aún en nuestro país. Las exigencias sugeridas por Armour tornaron imposibles las negociaciones.[16]

A partir de su decisión EE. UU. puso en práctica una dura política con respecto a nuestro país, que se tradujo en prohibir que sus barcos mercantes tocasen puertos argentinos; propiciar un bloqueo comercial por parte de los países aliados; congelar los depósitos de origen argentino en bancos de los Estados Unidos y amenazar con una eventual intervención armada a nuestro país.

Si bien tales medidas tuvieron relativa y limitada concreción, su enunciación existió de modo concreto.[17]

La actitud hostil y agresiva de los Estados Unidos encontró un importante escollo en su principal aliada, Gran Bretaña, que no se mostró dispuesta a apoyar medidas que perjudicarían sus intereses radicados en nuestro país.

Resulta importante señalar al respecto que, el Primer Ministro Británico, Winston Churchill, en nota dirigida —con fecha 14 de julio de 1944— señala al Presidente Roosevelt la dependencia que su país tenía respecto de la Argentina y acerca de eso le decía: *"La fuerza del trabajador británico, no puede ser mantenida si se disminuye su cuota de carne".*[18]

Al margen de la intervención británica, las relaciones entre nuestro país y los EE. UU. se agravaron como consecuencia de

---

16 Page, *Obra citada,* pág. 95.
17 *Documentos Diplomáticos,* 1944, Volumen VII, pág. 205.
18 *Documentos Diplomáticos,* 1944, Volumen VII, pág. 133.

la interpretación que en aquel país tuvo el contenido de una conferencia pronunciada por el Ministro de Guerra, Coronel Perón, en la Universidad de La Plata, al dejar inaugurado un curso de defensa nacional y al que tituló "El significado de la defensa nacional desde el punto de vista militar".

Durante el curso de su exposición, entre otros conceptos, afirmó:

> Las dos palabras "defensa nacional", pueden hacer pensar a algunos espíritus que se trata de un problema cuyo planteo y resolución interesan e incumben solo a las Fuerzas Armadas de una Nación. La realidad es bien distinta, en su solución entran en juego todos sus habitantes, todas sus energías, todas sus riquezas, todas sus industrias y producciones más diversas, sus medios de transporte y vías de comunicación, etc., siendo las Fuerzas Armadas únicamente, como luego veremos en el curso de mi exposición, el instrumento de lucha de ese gran conjunto que constituye la Nación en armas.[19]

En otra parte de su exposición, y respondiendo al subtítulo "La guerra fenómeno social inevitable", efectuó algunas afirmaciones que, pese a ser irreprochables y acertadas, constituyeron el centro de una dura crítica lanzada por el Departamento de Estado de la Unión, que le atribuyeron un sentido y contenido totalitario que en realidad no tenía.

Por el contrario, nuestro diario *La Prensa*, manifiestamente opositor al gobierno de la Revolución, elogió en su editorial el contenido de la disertación.[20]

El clima hostil que venimos señalando se mantuvo hasta marzo de 1945. A partir de entonces, se produjeron hechos que cambiaron el rumbo de las relaciones con EE. UU. En efecto, el 30 de

---

19 Page, *Obra citada*, parte 1ra., págs. 93 y 94.
20 *La Prensa*, del 11 de junio de 1944, pág. 6.

noviembre de 1944, presentó su renuncia, fundada en razones de salud, el Secretario de Estado, Cordell Hull, siendo reemplazado por Edward Stettinius, quien designó como Secretario para Asuntos Latinoamericanos a Nelson Rockefeller. Ambos funcionarios exteriorizaron su decisión de terminar con el conflicto existente con nuestro país.

A comienzos de 1945, entre los días 21 de enero y el 8 de marzo, se celebró en el Castillo de Chapultepec, en la República de México, la Conferencia Interamericana sobre Problemas de la Guerra y la Paz de los países que se encontraban en guerra con las potencias del Eje.

Durante las deliberaciones desarrolladas en el mes de febrero, el organismo estableció las condiciones que debía asumir la República Argentina para incorporarse a ese organismo, disponiendo como condición indispensable la declaración de guerra a Alemania y Japón, como también reprimir toda actividad nazi que pudiera desarrollarse en el país y suscribir todo lo acordado durante esa conferencia.

Poco tiempo después, el 27 de marzo, el Gobierno argentino aceptó todas las condiciones referidas, declarando la guerra a Alemania y a Japón. Y, pocos días después, el 4 de abril, la Argentina suscribió el acta redactado durante esa conferencia.

El 9 de abril, el encargado de negocios de EE. UU. en nuestro país entregaba al canciller Ameghino una nota de su gobierno, reconociendo el presidio del General Farrell, luego de más de un año de su notificación.

Idéntico reconocimiento llevaron a cabo los demás países americanos, continuando, de ese modo, la política trazada por el país del norte.

En febrero de 1945, tuvo lugar la Conferencia de Yalta, de la que participaron solo los mandatarios de las tres grandes potencias aliadas. En esa reunión, asegurada la victoria sobre las potencias del Eje, se debatió la organización de una "sociedad de naciones" vencedoras. Durante el transcurso de esas deliberaciones, el líder soviético, José Stalin, propuso, y fue aceptado, que los países que no habían declarado la guerra al Eje, para pertenecer a la aludida organización, debían pronunciarse en tal sentido hasta el 10 de marzo del referido año.

Conforme con la nueva actitud de los EE. UU. para con nuestro país, y pese a la oposición de la Unión Soviética, el 25 de abril fuimos incorporados a la recientemente constituida Organización de las Naciones Unidas. Asimismo, el Presidente Roosevelt decidió con la conformidad del nuevo secretario de Estado, Edward Stettinius, enviar una misión militar a nuestro país, presidida por el Sr. Avra Warren e integrada por oficiales de alta graduación, con el propósito de solucionar el problema de nuestra falta de armamentos que afectaba a nuestras Fuerzas Armadas. La aludida misión arribó a Buenos Aires el 18 de abril y fue recibida por el Ministro de Guerra, Coronel Juan Domingo Perón.

Durante las conversaciones hubo pleno acuerdo en satisfacer el requerimiento argentino, dejando la sensación de que el país accedería a los beneficios de la ley de "Préstamos y Arriendos".

Pocos días antes del retorno de la misión de Warren, se produjo el fallecimiento del Presidente Roosevelt, sucediéndolo en el cargo el Vicepresidente Harry Truman. Esta circunstancia significó, como veremos, nuevos graves enfrentamientos entre Argentina y EE. UU.

El sucesor de Roosevelt, lejos de continuar la política de su antecesor, recabó la información y asesoramiento del exsecretario de Estado, Cordell Hull, quien aconsejó y logró el desplazamiento de Stettinius y su designación, en reemplazo de este. Sostuvo, en cambio, dada su coincidencia de ideas, la designación de Spruille Braden como Embajador ante el gobierno argentino.

Spruille Braden, nuevo Embajador de los Estados Unidos

Previo a toda otra consideración, resulta menester, a modo de introducción, destacar los orígenes y rasgos característicos de la personalidad del nuevo Embajador.

Spruille Braden nació en Ellkhorn, Estado de Montana, en 1894, en el seno de una familia aristocrática, ligada comercialmente al grupo Rockefeller y desde su juventud estuvo vinculado a los intereses económicos y políticos de su país con los latinoamericanos. Gran parte de su actividad profesional –era ingeniero en minas– la desarrolló en los países mencionados.

Asimismo, entre los años 1919 y 1945, se desempeñó como consejero de varios gobiernos de La Unión. Así, en 1933, formó parte de la delegación de su país en la Conferencia de Montevideo; en 1935, participó en las negociaciones de paz por la guerra desatada entre las Repúblicas del Paraguay y Bolivia; en 1939, se desempeñó como Embajador en Colombia y, en 1941, cumplió idéntico cargo en Cuba, embajada que ocupó hasta su designación en la República Argentina.

La actuación de Braden, a través de la mencionada trayectoria diplomática y su actividad empresarial, lejos estuvo de recoger juicios positivos hacia su persona. En el sentido expresado, merece transcribirse lo declarado por Rogelio García Lupo:[21]

> La vida de Spruille Braden, a través de su trayectoria diplomática, encierra una realidad difícil de creer. Su paso por la diplomacia cosechó un número inigualable de agravios contra los Estados Unidos y en todos esos países, precisamente, han ocurrido después las mayores explosiones de sentimiento antinorteamericano. Las minas de cobre donde los trabajadores de Chile sufren las peores condiciones de vida simbólicamente llevaban el nombre de Braden. La guerra boliviano-paraguaya se desató a causa de una disputa por los territorios petrolíferos que habían sido adqui-

---

21 *Biografía de Braden*, Vergara.

ridos por Braden y al pie del tratado de Paz de Montevideo que puso a resguardo los intereses de la Standard Oil en el Chaco, también está el nombre de Braden. Encabezó la campaña contra el gobierno de México, a causa de la nacionalización del petróleo, y es el mismo que interfiere en la política colombiana. Braden irritó a los cubanos, siendo embajador en la Habana, con una desacertada intervención para obtener la baja del precio de la azúcar. En los cinco meses que permaneció en Buenos Aires, Braden logró convertirse en el emblema de la lucha nacional contra los Estados Unidos y cuando fue retirado de la diplomacia continuó provocando a los latinoamericanos. Dirigió personalmente la campaña contra los gobiernos de Arévalo y Arbenz en Guatemala, desprestigió cuanto pudo el régimen nacionalista de Bolivia y denigró internacionalmente a Vargas.

El nuevo embajador arribó a Buenos Aires el 19 de mayo de 1945 y presentó sus credenciales al Presidente Farrell el día 21 del mismo mes.

Las intenciones e instrucciones que traía el nuevo diplomático surgían con claridad de un cable que remitió a Washington en el mes de julio del referido año, en el que expresaba:

Perón como el líder más importante de la escena argentina es la exaltación del presente control militar fascista, pero él es solamente un individuo mientras que el movimiento consiste en muchos que fueron nutridos por los nazis y a cambio de ello les ofrecían estos fundamentos para la esperanza de construir la "victoria de la postguerra". Si bien la eliminación de Perón y los militares sería un gran paso adelante, la seguridad de Estados Unidos y consecuentemente la de Gran Bretaña no quedará asegurada hasta que los últimos vestigios de los malignos principios y métodos que el existente gobierno representa y practica hayan sido extirpados y una democracia razonablemente efectiva reine en la Argentina.[22]

---

22 Page, *Obra citada*, págs. 117-118.

El propio embajador británico y más estrecho aliado de Estados Unidos, refiriéndose a Braden, expresó: *"Mr. Braden vino a Buenos Aires con la idea fija de que él había sido elegido por la providencia para derrocar al régimen encabezado por Farrell y Perón".*[23]

Respecto de la misión y objetivos de Braden, son coincidentes las opiniones de varios autores.[24]

La relación entre el embajador y Perón nunca pasó de una mera formalidad, que con el transcurso del tiempo se transformó en un duro enfrentamiento que, como veremos, tuvo notables consecuencias históricas.

El 22 de mayo, un día después de la presentación de sus credenciales, se realizó la recepción organizada por el Presidente Farrell, con el fin de agasajar al nuevo embajador. Durante el transcurso de esta, Perón, alentado por el resultado de la misión Warren, le expresó al embajador la necesidad que tenía el país de recibir el equipo militar requerido. Como respuesta, Braden solo se limitó a expresarle: *"Ustedes tienen una prensa y una opinión pública extremadamente malas en el exterior y van a tener que hacer algo en ese sentido primero".*[25]

Pocos días después de ese diálogo, las esperanzas expuestas se desvanecieron completamente ante el anuncio del Departamento de Estado de que no enviaría ninguna misión a la Argentina, hasta que el gobierno de nuestro país cumpliese con todas las obligaciones asumidas al firmar el Acta de Chapultepec.

La mayoría de los autores coinciden en señalar que Perón y Braden se entrevistaron en cuatro oportunidades durante el tiempo que

---

23 Page, *Obra citada*, pág. 118.

24 Miguel Ángel Scena, "Braden y Perón" en *Todo es Historia* N.º 30; Félix Luna, *El 45*; Carlos Escudé, "Braden y Perón y la Diplomacia Británica" en *Todo es Historia*, N.º 138; Robert Potash, *El Ejército y la Política en la Argentina - de Perón a Frondizi*.

25 Page, *Obra citada,* pág. 119.

el embajador permaneció en el país y las mismas habrían tenido lugar el 1°, 13 y 30 de junio y la restante el 5 de julio de 1945. De estas, salvo la primera que tuvo carácter protocolar, las restantes mostraron la falta de empatía y cordialidad que caracterizó la relación entre ambos.

En el sentido expresado, en la reunión del día 13 de junio, el embajador le expresó sus quejas por las restricciones que sufrían los corresponsales de prensa extranjeros. Perón, como respuesta, dio seguridades de que se daría solución a lo planteado. No obstante, durante el curso de la reunión, Braden habría deslizado veladas amenazas de represalias y acciones concretas. Del mismo tenor habría sido la del 30 del mismo mes, pero la celebrada el día 5 de julio resultó no solo la más tensa, sino la más turbulenta y agresiva.

Los autores que se han referido a ella y coinciden sobre su contenido, nunca desmentido por sus protagonistas, señalan que Braden habría reclamado sobre los bienes alemanes y japoneses existentes en la Argentina, los que por entonces habían sido incautados por nuestro gobierno, debido a la declaración de guerra a ambos países. Asimismo, y durante el curso del diálogo, el embajador propuso a Perón la posibilidad de que las líneas aéreas comerciales norteamericanas realizasen –con carácter exclusivo– la navegación de cabotaje, efectuando, a tal fin, escalas en diversas partes de nuestro territorio. Por último, habría insinuado que, si tal propuesta se resolviera de modo favorable, su gobierno no habría de poner obstáculo a la eventual candidatura presidencial de su interlocutor.

La respuesta de Perón a la aludida propuesta habría sido rápida y tajante, expresándole que los arreglos económicos y financieros –si bien parecían rápidos de concretar–, y la naturaleza misma de la propuesta, generarían un grave problema para la dignidad y el honor de quien la aceptase, calificando tal posibilidad con un grueso epíteto. Tal respuesta desencadenó el airado y precipitado retiro del sitio del embajador, que hasta olvidó su sombrero en el lugar.[26]

De resultas de la referida entrevista, el Coronel Perón mandó imprimir panfletos contra la persona de Braden, que fueron arrojados en las inmediaciones de la Embajada de los Estados Unidos.

Con el objeto de llevar a la práctica sus propósitos, el embajador desarrolló, mientras estuvo en el país, una febril tarea de contenido político destinada a atacar al gobierno y, en particular, al Coronel Perón, convirtiéndose en aliado directo de los grupos y partidos opositores.

Considero propio señalar, a tal fin, algunas de sus actitudes demostrativas de la afirmación precedente.

Al cumplirse un mes de su llegada al país, el 19 de junio, en ocasión de una comida en la Cámara de Comercio Británica, hizo uso de la palabra y entre otros conceptos señaló como una imperativa necesidad el proseguir la lucha en defensa de la democracia, y, en una parte fundamental de su discurso, expresó:

> … La Gran Bretaña y los Estados Unidos son, por obra de las circunstancias que todos conocemos, los dos países más equipados para ofrecer a la Argentina la ayuda más eficaz para esa tarea de eliminar las nefastas actitudes de nuestros enemigos comunes.[27]

Un mes después, efectuó una gira por el interior del país con propósitos manifiestamente políticos y proselitistas, y el 20 de julio asistió a un acto organizado por la Asociación Argentina Norteamericana; acto seguido de un almuerzo, y, finalmente, de una cena en los salones del Jockey Club. Al día siguiente, se trasladó a la Ciudad de Santa Fe, donde fue recibido por las autoridades de la Universidad

---

26 Félix Luna, *El 45*; J. Page, *Perón*; Alberto Ciria, *Partidos y Poder en la Argentina Moderna 1930-1946*; Robert Potash, *El Ejército y la Política en la Argentina 1945-1962*.

27 *Todo es Historia*, N.° 10, pág. 5.

del Litoral, oportunidad en que usó de la palabra, poniendo de manifiesto sus profundas convicciones democráticas, abusando a través de sus expresiones de su condición de diplomático.

Braden regresó a Buenos Aires el 22 de julio y, conforme lo destacó la prensa local,[28] fue recibido en la estación Retiro del ferrocarril por una numerosa muchedumbre que vitoreó su nombre como líder y defensor de los valores de la democracia. A partir de ese viaje, Braden se convirtió en el jefe virtual de la oposición, proclamado por políticos pertenecientes a diversos signos, así como también por los principales diarios del país que ponían de resalto sus actitudes y declaraciones.

Como consecuencia de la rendición de Japón –el 13 de agosto–, se realizó en el Teatro Colón un gran acto en celebración de la victoria de los países aliados. Braden, presente en el lugar, fue invitado a hablar y, en una parte de su discurso, afirmó:

> La victoria nos ha dado nuevos y sorprendentes amigos. Las Naciones Unidas victoriosas son aclamadas ahora en algunas posiciones altas por aquellos mismos que en el pasado se habían atado ellos y su destino al Eje. El hecho de su conversión a los principios de la libertad, sonoramente proclamada, no ha engañado a nadie, se prueba en la actitud que la prensa libre del mundo mantiene respecto de las dictaduras como la de Franco en España.

Más adelante, agregó:

> … Los pueblos han aprendido que los fascistas militaristas no se detendrán ante nada, por cruel y vil que sea, para alcanzar sus fines. No olvidaremos esa lección, porque pequeños tiranos oculten tras el disfraz de la democracia espuria. Un mundo que respete o defienda los derechos del hombre bajo la democracia, no puede seguir tolerando que existan gobiernos cuya norma es

---

28 *La Prensa*; *La Nación*; *El Mundo*; *Crítica* y *La Razón* de los días 22, 23 y 24 de julio de 1945.

la violencia y humillan al hombre bajo la dictadura. Para asegurar la paz del mundo, nosotros, las democracias victoriosas, debemos establecer y estableceremos la única soberanía legítima, ¡la soberanía del pueblo![29]

Pocos días después, el embajador utilizó términos análogos para atacar al gobierno, erigiéndose en representante de los valores democráticos que, a su juicio, eran conculcados por el gobierno de facto.[30]

Para agravar la situación existente como consecuencia del enfrentamiento entre el embajador y el gobierno, en particular con el Coronel Perón –en los meses de julio y agosto–, se presentaron dos submarinos alemanes, el U530 y el U 977 en el Puerto de Mar del Plata, rindiéndose a la Marina Argentina.

Ambos acontecimientos dieron lugar a diversos rumores del más diverso contenido, algunos de los cuales, a través de la prensa local, señalaban supuestas vinculaciones del gobierno con el Tercer Reich y en particular a Perón como espía del nazismo.[31]

Como respuesta a los referidos rumores del Gobierno, las cajas de documentos que transportaban los referidos sumergibles fueron entregadas a Washington y puestas a disposición de quien quisiese consultarlas en prueba de que su contenido que no aportaba dato alguno que respaldase las acusaciones contra el gobierno y sus integrantes.

El protagonismo del embajador norteamericano se hizo presente en la inauguración de la Exposición Rural de Palermo, donde ocupó un asiento junto al presidente de la entidad, Ingeniero Bustillo.

---

29 *La Prensa*, del 18 de agosto de 1945, pág. 6.

30 *La Prensa*, del 23 junio de 1945.

31 *La Prensa*, del 13 de julio de 1945; *Actualidad*, pág. 8 y el mismo diario del 20 de agosto, págs. 8 y 9.

Contemporáneamente y avalando la conducta del embajador, el 24 de agosto, el Subsecretario de Estado de la Unión para asuntos Latinoamericanos, Nelson Rockefeller, pronunció en su país una conferencia en la que atacó duramente a la Argentina y su gobierno.[32]

En el mes de agosto, de manera inesperada para sus seguidores, llegó la noticia de que el Señor Braden había sido designado para reemplazar al nombrado Nelson Rockefeller en el cargo de Subsecretario de Estado para Asuntos Latinoamericanos.

La noticia significó para un sector de la sociedad política el alejamiento del más importante referente y conductor de la lucha contra el gobierno provisional y, de manera particular, contra el Coronel Juan Domingo Perón.

Como una manera significativa de despedida, sus seguidores le ofrecieron un banquete organizado por el Instituto Argentino Americano de Cultura, que fue servido en los Salones del Plaza Hotel.

La crónica del referido evento fue detalladamente comentada por el diario *La Prensa* del día 29 de agosto. Destacaba, en primer término, el matutino, que la concurrencia había superado la cantidad de 800 comensales, entre los que se destacaban importantes figuras del quehacer nacional.

En nombre de los organizadores, hizo uso de la palabra el doctor Roberto Levillier, quien, durante su discurso, puso énfasis en destacar las cualidades de quien valoraba como representante indiscutido de la democracia.

Al término de su discurso, el homenajeado agradeció el acto y las palabras de Levillier. Durante su discurso, de contenido agresivo, acometió con grave dureza al gobierno argentino. Puntualmente, atacó al derrotado régimen fascista y comparó sus métodos

---

32 *Todo es Historia*, N.º 30, artículo citado.

con los utilizados en nuestro país en contra de lo que consideraba los insustituibles valores de la democracia. En la última parte, afirmó:

> … que nadie imagine, pues, que mi traslado a Washington significa el abandono de la tarea en que estoy empeñado. La voz de la libertad se hace oír en esta tierra y no creo que nadie consiga ahogarla. La oiré yo desde Washington con la misma claridad con que la oigo hoy en Buenos Aires. Sé que es la voz de un pueblo consiente que, en uso de sus más altos y legítimos derechos, reclama para sí una vida nueva basada en la confianza y respetos mutuos. Si durante mi permanencia entre vosotros he reflejado fielmente el sentir del pueblo de los EE. UU. –que no es otro que el de su gobierno–, espero poder interpretar con igual fidelidad, cuando me encuentre en Washington, el sentir del pueblo de la República Argentina.[33]

El referido discurso fue también publicado y elogiado en los diarios de su país: *The New York Times* y *New York Tribune.*

El mismo tono e idéntica agresividad utilizó Braden el 14 de septiembre en el Museo Social Argentino, al agradecer su incorporación como miembro correspondiente de este. Antes de su partida, hizo acto de presencia en la marcha organizada por los opositores al gobierno, la que fue denominada "Marcha de la Constitución y la Libertad", y tuvo lugar el 19 de septiembre. A su término, el señor Braden expresó públicamente su satisfacción por el resultado de esta. Corresponde señalar, asimismo, que había sido impulsor de la aludida marcha.

Con el fin de asumir el cargo al que había sido designado, el embajador se marchó a su país el 23 de septiembre. No obstante, los funcionarios que permanecieron siguieron cumpliendo las directivas que impartía Braden desde Washington.

---

33 *La Prensa*, del 29 de agosto de 1945, pág. 1 y ss.

Más adelante, volveremos sobre las actividades del exembajador dirigidas contra el gobierno y la relevante figura del Coronel Juan Domingo Perón.

Caída y posterior encumbramiento de Perón

Durante el mes de octubre de 1945, tuvo lugar el período más gravemente crítico para el gobierno de la revolución. Durante el transcurso de ese mes se habrían de producir enfrentamientos entre las figuras más prominentes del Ejército, que habrían de producir, en una primera instancia, la caída del Coronel Perón y el total debilitamiento e inestabilidad del gobierno mismo.

El día 5 de octubre, el gobierno designó Director de Correos al señor Oscar Nicolini. Ese nombramiento contó con el absoluto aval de Perón, pero fue recibido con manifiesto desagrado y resistencia por parte de la oficialidad de Campo de Mayo.

El jefe de esa unidad, General Eduardo Avalos, se reunió el día 6 en el Ministerio de Guerra con Perón, con el fin de transmitirle el desagrado de la oficialidad a su mando por la designación mencionada. Frente a la situación expuesta, Perón invitó a dialogar a los referidos oficiales en la sede del ministerio a su cargo.

La entrevista tuvo lugar el día 8 del citado mes, a la que el General Avalos concurrió acompañado de doce oficiales del acantonamiento. Fueron recibidos por el Ministro, acompañado de un grupo de oficiales de su estrecho círculo.

Durante la reunión, Perón apoyó el nombramiento del Señor Nicolini, a quien consideró particularmente idóneo para el desempeño del cargo. A continuación, y ante el planteo desencadenado, Perón requirió que se resolviese entre su renuncia y la del General Avalos, lo que determinó el apartamiento de este último.

La decisión adoptada en la referida reunión no fue aceptada por la oficialidad de Campo de Mayo que requirió, en cambio, la renuncia de Perón. La tensa y grave cuestión generada determinó al Presidente, General Farrell, a pedir a Perón la renuncia de todos los cargos que venía desempeñando. El desenlace de la situación tuvo lugar el día 9 de octubre, en que el hombre más fuerte del gobierno, hasta entonces, presentó la dimisión requerida. La que le fue inmediatamente aceptada y comunicada por todos los medios a través del Ministro del Interior.

El día 10, autorizado por el Presidente Farrell, Perón se despidió de los trabajadores reunidos en la sede de la Secretaría de Trabajo. El acto fue transmitido por la red oficial de emisoras a todo el país.

El discurso pronunciado por el exsecretario fue un llamado a los trabajadores para que luchasen por sus reivindicaciones, de las que él se convertiría en un soldado más. El tenor y contenido de ese discurso provocaron una dura reacción por parte de los oficiales que habían precipitado su renuncia, sintiéndose frustrados en su decisión.

El 12 de octubre, se produjeron dos hechos trascendentes. En el Círculo Militar, se llevó a cabo una reunión presidida por el General Eduardo Avalos y el Almirante Héctor Vernengo Lima, ambos en representación del Ejército y la Armada, respectivamente. Durante el desarrollo de esta, se produjo, en la cercana Plaza San Martín, una numerosa concentración de personas, en su mayoría pertenecientes a las clases sociales más elevadas, que reclamaban a los reunidos en el Círculo referido la entrega del poder a la Suprema Corte de Justicia. El insistente petitorio pareció resuelto favorablemente cuando el Presidente Farrell, respondiendo al insistente requerimiento, encomendó al Procurador General de la Nación, Doctor Juan Álvarez, la formación de un gabinete de transición como paso previo al retorno a la normalidad institucional, dando así satisfacción a los peticionantes de la Plaza San Martín.

El otro acontecimiento de ese día fue la notificación impartida por el Presidente Farrell al Coronel Juan Perón, disponiendo que sería remitido en calidad de detenido a la Isla Martín García. Decisión que se materializó el siguiente día, 13 de octubre.

Las jornadas que siguieron a este último acontecimiento dieron lugar a la concreción de un hecho sin precedentes en nuestra historia política y social. Desde la localidad de Berisso, provincia de Buenos Aires, se inició una movilización de obreros encabezada por el dirigente gremial Cipriano Reyes, cuyo propósito era requerir la libertad del detenido Coronel Juan Domingo Perón.

La referida congregación se extendió rápidamente en diversos lugares del país para dirigirse a la Plaza de Mayó, utilizando para ello cualquier medio a fin de que las autoridades escuchasen el unánime reclamo.

Con el transcurso de los días, la situación se tornó tensa, habida cuenta de que, entre los días 16 y 17 de octubre, la llegada de continuos contingentes dispuestos a permanecer en el lugar que, aunque de manera pacífica, no cejaban en su indeclinable reclamo.

En un primer momento, Perón fue traído a Buenos Aires, respondiendo a un pedido de su médico particular e internado en el Hospital Militar de esta ciudad. Desde donde, el día 17, en horas de la noche, fue llevado a la Casa de Gobierno, por un pedido expreso del Presidente Farrell, quien le requirió dirigiese la palabra a la multitud reunida en la plaza, con el objeto de apaciguarla y lograr que se desconcentrase en orden.

Perón salió a los balcones de la Casa Rosada y dirigió a la multitud un improvisado discurso expresando su agradecimiento, que, además, sirvió para ratificar definitivamente su liderazgo.

Todos los medios periodísticos se ocuparon el día 18, registraron el contenido del aludido discurso y la forma como Perón logró la desconcentración de la Plaza de Mayo de manera ordenada y sin que se produjera desborde alguno.

Los complejos y decisivos acontecimientos, que, como han quedado señalados, se produjeron en 1945, determinaron al Gobierno Provisional al retorno de la normalidad institucional, convocando al pueblo de la República a elecciones generales a llevarse a cabo el 24 de febrero de 1946.

Las Fuerzas en Pugna

Poseedoras de antiguas estructuras, las primeras fuerzas a organizarse para la lucha electoral fueron las autodenominadas democráticas, integradas por los partidos políticos desplazados por la Revolución de 1943, junto con otros sectores minoritarios de la opinión pública y el decisivo. Sumado al manifiesto apoyo del gobierno y la prensa de los Estados Unidos, se constituyó lo que se denominó Unión Democrática.

Conformaban la referida fuerza la Unión Cívica Radical, el Partido Socialista, el Partido Demócrata Progresista, el Partido Comunista y otras menores. Esta unión partidaria carecía de un programa común, se autotitulaban representantes del pensamiento democrático y solo acordaron una fórmula presidencial común que integraron los doctores José P. Tamborini y Enrique Mosca, ambos pertenecientes al sector Unionista de la Unión Cívica Radical. Para todos los demás cargos a cubrir, como Senadores y Diputados Nacionales, Gobernadores y Legisladores Provinciales, cada partido designó sus candidatos.

Luego del espontáneo y multitudinario acto del 17 de octubre de 1945, Juan Domingo Perón surgió como único candidato presidencial para importantes sectores de la población y particularmente para el movimiento obrero organizado. No obstante, su candidatura tropezó, en primera instancia, por la falta de una estructura política que la avalara. Tal obstáculo fue rápidamente solucionado. En efecto, sectores pertenecientes originalmente a la Unión Cívica Radical, que venían colaborando con el gobierno provisional y fueron expulsados del tronco partidario, constituyeron un nuevo partido denominado Unión Cívica Radical Junta Renovadora y, tras su reconocimiento, postularon la candidatura presidencial de Juan Domingo Perón.

El 24 de octubre, un grupo de dirigentes sindicales se reunió con el fin de constituir el Partido Laborista, designando presidente de este a Luis Gay y Cipriano Reyes, Vicepresidente del partido. El nuevo partido declaró a Perón su candidato a la Presidencia de la República.

Ambos partidos integraron la fórmula presidencial para ocupar la vicepresidencia con el doctor Juan Quijano, exministro del Interior del gobierno de la Revolución y de antigua militancia en el radicalismo de la Provincia de Corrientes.

La campaña electoral se desarrolló de manera intensa y particularmente agresiva, con choques entre partidarios de ambos sectores que se enfrentaron duramente.

La candidatura presidencial de Juan Domingo Perón contó con el apoyo de la Alianza Libertadora Nacionalista, que, en el ámbito de la Capital Federal, concurrió con candidatos propios a Senadores y Diputados Nacionales.

Perón contó, asimismo, con FORJA, una organización de jóvenes intelectuales radicales que se disolvió y cuya mayoría de miembros se incorporaron a las filas de quienes postulaban la candidatura de Perón.

La Unión Democrática contó con el fuerte apoyo de la mayoría de la prensa local. En tal sentido se pronunciaron los matutinos *La Prensa*, *La Nación* y *El Mundo* y los vespertinos *Crítica*, *Razón* y *Noticias Gráficas*".

Un ejemplo para destacar, aunque no el único, lo constituyó el editorial del diario *La Prensa* del día 3 de febrero de 1946 titulado "Exaltación más Patriótica que Política". Este comentaba la crítica que funcionarios del gobierno hacían de las expresiones vertidas por integrantes de los partidos nucleados en la Unión Democrática. Sostenía, en defensa de las aludidas sátiras, que la contienda que se estaba desarrollando no era entre partidos políticos, dado que los únicos existentes en la República se hallaban unidos en la contienda y, a propósito de ello, aclaraba que los que se habían improvisado tenían como finalidad lo que la mayoría del pueblo rechazaba. Afirmaba, asimismo, que lo que iba a dirimirse en las futuras elecciones era el retorno a las instituciones democráticas y esa decisión justificaba la exaltación de quienes luchaban por el deseado retorno. Terminaba expresando:

> El dilema explica la exaltación de los ciudadanos. Exaltación patriótica más que política y por eso santa, generosa y respetable ni se puede ni se debe combatirla. Ella debe tener su término natural en el triunfo de la propia causa, en la consolidación de la victoria sobre los agentes desquiciadores de la nacionalidad y en la recompensa natural de los rudos afanes de hoy, la armonía social, la paz y la concordia mutua y para todos y por sobre todos: la libertad.[34]

El mismo diario volvió a pronunciarse en favor de la Unión Democrática en sus editoriales de los días 10 y 12 del mismo mes.

De parecido tenor eran los artículos publicados por los demás diarios que apoyaban a la mencionada expresión política.

La candidatura presidencial de Perón no tuvo el apoyo periodístico con que contó la alianza adversaria, solo dos diarios expresaron su adhesión a su candidatura, aunque con distintos matices: *La Época* y *Tribuna*. Al primero, lo dirigía Eduardo Colon y había sido fundado durante la segunda presidencia de Hipólito Yrigoyen. El diario se pronunció decididamente en favor de Perón, expresándose con fervor por su candidatura y elogiando la obra realizada por este en el gobierno de la revolución.

---

34 *La Prensa*, del 3 de febrero de 1946, pág. 4.

El diario *Tribuna*, dirigido por José María Fernández Unsain, si bien apoyó la candidatura de Perón, fue por sobre todo expresión del pensamiento nacionalista.

Hemos destacado que la Unión Democrática contó en todo momento con el manifiesto apoyo de la Secretaría de Estado de los Estados Unidos y de los diarios de ese país. Desde la asunción del Sr. Braden como Subsecretario de Estado para asuntos Latinoamericanos, la campaña contra el gobierno argentino y, en particular, contra la candidatura presidencial del Coronel Perón, arreció de manera inusitada.

La magnitud de lo afirmado tuvo su expresión cuando el 11 de febrero de 1946 –doce días antes de la fecha establecida para nuestras elecciones presidenciales– la subsecretaría hizo público un memorándum que tituló "Consultas entre las Repúblicas Americanas sobre la situación argentina", rápidamente rebautizado como "Libro Azul" y de total desconocimiento por parte de los países americanos.

El Libro Azul contenía acusaciones y señalaba la existencia de vínculos estrechos con los países del Eje por parte de funcionarios del Gobierno de la Revolución y del propio Perón, así como de otras personas ajenas al gobierno, la mayoría de las cuales habían sido publicadas con mucha anterioridad.

El libro de marras alcanzó enorme publicidad a través de diarios y periódicos norteamericanos y en nuestro país fue publicado totalmente por los diarios *La Nación* y *La Prensa,* a partir del día 12 de febrero.

Pocos días después de esa publicación, el propio Perón escribió la respuesta que tituló "Libro Azul y Blanco". El contenido de este resultó una circunstancia y documentada respuesta al publicitado "Libro Azul" de Braden. En efecto, con singular precisión, Perón destacó que el libro era una mera reiteración de artículos y proclamas que, desde el mes de julio de 1941 hasta febrero de

1946, se registraban en la prensa de ideología comunista del país y de Montevideo y que Braden desde Washington insertaba ahora como conclusiones en su libro. Resultó de singular importancia el índice documental que contiene la publicación.

Asimismo, de la referida lectura surgen los nombres de las personas que acompañaban y constituían el círculo de Braden, destacándose nombres tales como Otto Benberg.

Resulta de singular importancia la inclusión de rectificaciones efectuadas a través de solicitadas y otros medios de personas mencionadas o involucradas en el libro del exembajador. A tal efecto, resulta propio citar entre otros a Horacio Ángel Pueyrredón, Amadeo Ibarra García, Pedro Pablo Ramírez (en nota aparecida en el diario *The Standard*), Basilio Pertiné, Carlos Ibarguren, Antonio Delfino, Urbano de Iriondo y Mario Amadeo, entre otros.

Luego del publicitado "Libro Azul", así como también la aguda réplica de Perón, la campaña política culminó con el mismo tono agresivo que había mantenido durante todo su desarrollo.

La Unión Democrática realizó el acto de cierre de campaña en la intersección de las Avenidas de Mayo y 9 de Julio y contó con la presencia de una gran multitud. Durante este, además de los integrantes de la fórmula presidencial doctores Tamborini y Mosca, hicieron uso de la palabra figuras prestigiosas como Ricardo Rojas y Alfredo Palacios. Los diarios se ocuparon en transcribir gran parte de esos discursos, todos ellos defendiendo los valores de la democracia ante la propuesta totalitaria de quien juzgaban el candidato oficial.

Por su parte, el acto de clausura de Perón tuvo lugar en la intersección de Corrientes y Avenida 9 de Julio y contó con el apoyo de una importante presencia popular. El discurso pronunciado por Perón, de profundo tono popular, culminó con una frase de particular trascendencia al sostener:

> Sepan quienes voten el 24 por la fórmula del contubernio oligár-
> quico comunista, que con ese acto entregan, sencillamente, su
> voto al señor Braden. La disyuntiva en esta hora trascendental es
> esta: o Braden o Perón.[35]

Conforme con lo establecido, las elecciones generales se llevaron a cabo en todo el país el día 24 de febrero en una jornada
que se caracterizó por el orden y la legalidad garantizadas por la
presencia y custodia de las Fuerzas Armadas. La referida circunstancia contó con el reconocimiento de los propios candidatos de
la Unión Democrática.

Pese al resultado previsto por la mayoría de la prensa y los candidatos de la Unión Democrática, el triunfo correspondió a la
fórmula Perón-Quijano, que se impuso por el 52,4 % contra 42,5
% de la Unión Democrática, que solo triunfó en las provincias de
Corrientes, Córdoba, San Juan y San Luis.

Asimismo, obtuvo amplia superioridad en el Senado y en la
Cámara de Diputados, donde logró la mayoría, dos tercios de la
misma.

Mediante la referida salida institucional culminó el agitado e
inestable gobierno de facto instalado el 4 de junio de 1943.

---

35 Félix Luna, *El 45*, Sudamericana, Cap. 4.

Capítulo IV

Presidencia de Juan Domingo Perón (1946-1952)

Juan Domingo Perón asumió, por primera vez, la Presidencia de la República el día 4 de junio de 1946.

Pocos días antes, el 29 de mayo de ese año, en las sesiones preparatorias del Congreso Nacional, ambas cámaras dispusieron, por amplia mayoría, ascender al Presidente electo al grado de General de Brigada, rango con que habría de asumir la Presidencia.

La ceremonia desarrollada en el Congreso no contó con la presencia de los legisladores de la oposición, actitud de suyo extraña, por cuanto esa conducta no había sido observada en la asunción de los presidentes Agustín P. Justo y Roberto M. Ortiz.

Luego del referido acto, el Presidente Perón se trasladó a la Casa de Gobierno, donde recibió los atributos de manos del General Edelmiro J. Farrell, luego de prestar juramento conforme lo establecido por la Constitución.

Investido de su cargo, pasó a tomar juramento al gabinete ministerial por él designado, el cual quedó así conformado: Interior, Sr. Ángel Borlengui; Relaciones Exteriores, Dr. Juan Atilio Bramuglia; Justicia e Instrucción Pública, Dr. Belisario Gache Pirán; Guerra, Gral. Humberto Sosa Molina; Marina, Contralmirante Abel Anadón; Hacienda, Dr. Ramón A. Cereijo; Agricultura y Ganadería, Ingeniero J. Picaso Elordi; y Obras Públicas, Gral. Pascual Pistarini.

Asimismo, creó tres secretarias a las que otorgó rango ministerial: Correos y Comunicaciones, designando Administrador al Señor Oscar Nicolini; Trabajo y Previsión, al Señor José María Freire y Secretario de Aeronáutica, al Brigadier de la Colina.

Fue su colaborador directo el Señor Juan Duarte, a quien designó su secretario privado.

En su discurso inicial ante la Asamblea Legislativa, Perón prometió, en primer lugar, que, durante su gobierno, tendría como fundamental objetivo la justicia social, como también lograr la reconciliación dentro de la Constitución y las leyes. Rechazó toda idea de venganza, declarándose Presidente de todos los argentinos.

La consolidación política

Como hemos señalado en el capítulo anterior, Perón obtuvo su triunfo electoral con el apoyo de dos partidos que se formaron en principio con ese único propósito.

Tanto el Partido Laborista, como la Unión Cívica Radical-Junta Renovadora, lejos de tender a una unidad programática, desde un comienzo mostraron serias divergencias manifestadas, particularmente, en oportunidad de conformar las listas de candidatos a diputados nacionales y electores para senadores por la Capital Federal. Solo el liderazgo y la autoridad de Perón consiguieron superar esa dificultad para el acto eleccionario.

Luego del resultado electoral que consagró a Perón como presidente, el Colegio Electoral de la Capital debió elegir los dos senadores nacionales que habrían de representar a esta ciudad. En esas circunstancias, Perón apoyó decididamente el nombre del Almirante Teisaire, desplazando al candidato propuesto por el Partido Laborista, Luis Gay, aceptándose para la otra senaduría al Doctor Diego Luis Molinari. Tales designaciones generaron graves enfrentamientos, encabezados por algunos laboristas conducidos por Cipriano Reyes.

Ante el referido estado de cosas, Perón dispuso, el 23 de mayo de 1946, pocos días antes de asumir la Primera Magistratura, disolver todos los partidos que habían apoyado su campaña y dispuso unificar con el nombre de Partido Único de la Revolución a todas las agrupaciones disueltas. Reyes resistió la orden de disolución referida respecto del Partido Laborista, pero careció del apoyo necesario para ello, convirtiéndose en su único representante en la Cámara de Diputados de la Nación.

El Partido Único, poco después de iniciada la actividad del nuevo gobierno, pasó a denominarse Partido Peronista.

Sobre la base de la referida unificación, dividió inicialmente al partido en dos ramas: la política y la sindical, a las que más tarde agregó una tercera: la femenina.

Representación en el Congreso

De resultas de las elecciones del 24 de febrero, el oficialismo contó con mayoría absoluta en la Cámara de Senadores y con más de dos tercios del total en la Cámara de Diputados, lo que le aseguraba una mayoría más que suficiente para el tratamiento y sanción de las leyes.

La minoría opositora en la Cámara de Diputados la conformaban 49 legisladores, representando 44 a la Unión Cívica Radical y 3 a las fuerzas conservadoras.

Los diputados radicales observaron, desde un comienzo, una cerrada oposición, permanente obstrucción y manifiesta provocación como modo de suplir o disimular su condición minoritaria. Pueden considerarse ejemplos, en el sentido expresado, su ausencia en la sesión plenaria de asunción del mando presidencial, la obstrucción permanente en los debates y la puesta en ridículo de algunos diputados del oficialismo, carentes de experiencia parlamentaria y, en muchos casos, de escaso nivel intelectual.

Se destacaban, no obstante, en la bancada mayoritaria, Ricardo Guardo, Díaz de Vivar, Rolando Lagomarcino, Eduardo Colon y Raúl Bustos Fierro, quienes mostraron habilidad y conocimientos tanto en los planteos como en las respuestas a los opositores.

El Juicio a la Corte Suprema

Debe señalarse, al respecto, que el gobierno empleó en la ocasión un método poco sutil para reemplazar a los integrantes de esta. En efecto, se inclinó por promover su juicio político por mal desempeño del cargo (artículo 45 de la Constitución entonces vigente), fundado en haber reconocido a los gobiernos de factos instaurados en 1930 y 1943.

Como hemos señalado, el gobierno poseía los dos tercios necesarios en la Cámara de Diputados para acusar ante el Senado y la mayoría absoluta en este para hacer efectiva la condena. El fallo significó la destitución de cuatro de los cinco integrantes de la Corte.

En reemplazo de los destituidos fueron designados cuatro juristas con ideas afines al gobierno del General Perón.

La Justicia Social

Conforme lo anunciado por el Presidente, en su discurso inicial –ratificando lo prometido durante toda la campaña electoral–, su gobierno tendría como principales objetivos: la justicia social; el incorporar al movimiento obrero a la actividad política; humanizar el capital dando al trabajador una porción mayor en el producto nacional en forma de ingresos, seguros de salud, educación y vivienda.

El Gobierno de Perón y su relación con la Iglesia Católica

En 1945, mediante un Decreto Ley, el Gobierno de la Revolución implantó la enseñanza religiosa en las escuelas del Estado.

Durante la campaña proselitista que sostuvo la candidatura de Juan Domingo Perón, incluyó en su plataforma la referida enseñanza como parte de su plan de gobierno. Conforme con ello, Perón en sus discursos de campaña reiteró permanentemente su intención de mantener esa enseñanza si resultaba triunfante en dichas elecciones.

Por su parte, la jerarquía de la Iglesia Católica, a través de la Pastoral dada a conocer el 5 de noviembre de 1945, firmada por el Cardenal Primado Santiago Luis Copello y demás Obispos, expresaba de manera clara lo siguiente:

> Ningún católico puede votar a candidatos que inscriban en sus programas los principios siguientes: 1) La separación de la Iglesia del Estado; 2) La supresión de las disposiciones legales que reconocen los derechos de la religión y particularmente el juramento religioso; 3) El laicismo escolar y 4) El divorcio legal.

La Pastoral transcrita fue leída en las misas dominicales en las iglesias de todo el país a partir de su publicación.

La posición de la Iglesia era clara con respecto de la actitud que debía asumir la grey católica en las elecciones que tendrían lugar el 24 de febrero de 1946, por cuanto sabemos que la coalición partidaria denominada "Unión Democrática" sostenía los principios denunciados por la Iglesia, en particular los partidos Socialista y Comunista, integrantes del referido frente.

Conforme lo sostenido en su campaña, el General Perón, a los pocos días de asumir la Presidencia, envió al Congreso el proyecto convirtiendo en Ley el Decreto del Gobierno de facto sobre enseñanza obligatoria de Religión en las escuelas oficiales.

El aludido proyecto entró en la Cámara de Diputados, donde se produjo un intenso debate al ser considerado sobre tablas. Durante el mismo hicieron uso de la palabra 45 legisladores, quienes expusieron sus argumentos en favor y en contra del proyecto. Finalmente, este fue aprobado por 87 votos contra 40. Pasado en revisión al Senado, fue rápidamente aprobado.

La implantación de la enseñanza religiosa y la enseñanza de moral en las escuelas primarias y secundarias públicas demandó al Ministerio de Justicia e Instrucción Pública la designación de maestros y profesores de las referidas asignaturas. Con el referido propósito, el ministerio creó la Dirección Nacional de Enseñanza Religiosa.

Las relaciones entre el Gobierno del General Perón y la Iglesia Católica se mantuvieron en un plano de permanente cordialidad durante gran parte de la presidencia. Solo un episodio alteró circunstancialmente el mencionado vínculo durante el año 1950, el cual el propio Presidente se apresuró a recomponer.

El hecho desencadenante lo produjo el Presidente, al devolver la personería jurídica a la Escuela Científica Basilio y otorgarle permiso para realizar un acto en el Luna Park bajo el lema "Jesús no es Dios".

El día 15 de octubre, señalado para la realización del acto, el estadio se llenó de católicos que concurrieron para interrumpir la asamblea de los espiritistas. Ubicados en lugares estratégicos del local, lanzaron una gran cantidad de panfletos con la inscripción "Jesús es Dios", para luego desatar serios enfrentamientos y escenas de pugilato. cuya magnitud determinó a la policía a dar por terminado el acto y detener a cientos de protagonistas del suceso.

El grueso de los católicos improvisó una manifestación a lo largo de la Av. Leandro N. Alem hasta que la policía la detuvo y apresó a algunos de los manifestantes.

El 20 de octubre, cinco días después de estos hechos, arribó a Buenos Aires el Cardenal Ernesto Ruffini, legado pontificio, para asistir al V Congreso Eucarístico Nacional que habría de celebrarse en la Ciudad de Rosario. Perón, molesto con el clero por los hechos referidos, no concurrió a recibirlo.

Tres días después, al partir el Representante Papal hacia Rosario, solo lo hizo acompañado por altas dignidades de la Iglesia, pero sin custodia alguna.

Un importante grupo de sacerdotes, amigos y consejeros de Perón y de su esposa, advirtieron al Presidente sobre lo equivocado de su actitud y lo impulsaron a viajar a la Ciudad de Rosario y asistir a la misa pontifical.

El domingo 29 de octubre, Perón y Eva Perón viajaron a Rosario para asistir a la misa final del Congreso. En esas circunstancias, se postraron de rodillas ante el legado pontificio besando el anillo del purpurado.

En el almuerzo que se ofreció en la jefatura de policía, Perón proclamó:

> Hemos visto en Jesús a Dios y también admiramos los rituales católicos. El peronismo, que muchas veces no respeta las formas, se aplica de una manera efectiva. Real y honrada.

Ante lo manifestado por el Presidente, el Cardenal Ruffini respondió:

> Al regresar, diré al Santo Padre que aquí la religión es más viva que nunca, y que la Argentina marcha encabezada por su jefe por las vías maestras de la verdadera civilización cristiana.

A su regreso a Buenos Aires, esperaban al legado junto con el Cardenal Copello y el Nuncio Apostólico, el Ministro Raúl Méndez y el edecán Naval del Presidente, Contralmirante Carlos Alberto Garzoni.

En su regreso a la casa donde se hospedaba, lo acompañó una gran multitud. Al llegar al Edificio de la Facultad de Derecho, en la Av. Figueroa Alcorta, el Cardenal Ruffini detuvo su marcha para recibir de manos del Rector de la Universidad de Buenos Aires, el Diploma de Doctor Honoris Causa de esta Universidad.

Con este y otros agasajos concluyó la visita del legado pontificio y al propio tiempo el único accidente entre la Iglesia y el Gobierno durante la primera presidencia del General Perón.

El Plan Quinquenal

El 21 de octubre de 1946, el Presidente Perón convocó a ambas Cámaras del Congreso Nacional a una sesión conjunta durante la cual leyó a los legisladores el denominado Plan Quinquenal a desarrollar durante su período de gobierno. La oposición no concurrió alegando la falta de legitimidad de la convocatoria (el plan fue redactado conjuntamente con el Secretario técnico de la Presidencia, José Figueroa, quien participó de su lectura).

La exposición de este se extendió por espacio de cuatro horas, anunciando los siguientes objetivos:

1. En el ámbito laboral alcanzar el pleno empleo.
2. Asegurar la vida de los trabajadores.
3. Aumentar el patrimonio nacional y distribuirlo equitativamente.
4. Mantener la estabilidad de los precios por medio de grandes inversiones en transporte, comunicación, obras e inversiones en energía.

El valor para concretar la anunciada transformación se estimaba en un billón y medio de dólares.

Además, corresponde señalar que el referido plan contaba con medidas concretas llevadas a cabo con antelación a su asunción al poder y que habían sido tomadas a su requerimiento, tales como la nacionalización del Banco Central; la creación del Instituto Argentino de Promoción del Intercambio (IAPI), que otorgaba al Gobierno Nacional el derecho a la adquisición de toda la producción del campo a un precio fijado por el Estado y venderla al exterior a otro precio, con el objeto de fortalecer la forma de negociación argentina. Y, finalmente, con la diferencia de precio, aumentar el desarrollo industrial.

Las realizaciones de las políticas enunciadas tuvieron por conductor al Empresario Miguel Miranda, hombre de la mayor confianza de Perón, quien lo designó Presidente del Banco Central, del IAPI y del Consejo Económico Nacional.

Los dos primeros años de gobierno, conforme lo proyectado y anunciado, produjeron un gran crecimiento con la consiguiente prosperidad.

Los primeros resultados de la ejecución del Plan Quinquenal generaron la sensación de un definitivo crecimiento de la economía del país.

Cabe destacar, al respecto, la puesta en marcha del gasoducto Comodoro Rivadavia-Buenos Aires; el efectivo crecimiento de la flota mercante estatal; el notable aumento de la instalación de industrias con salarios dignos para los trabajadores.

La Puesta en Marcha del Plan Quinquenal

Como muestra de nuestra tendencia hacia la independencia económica, se adquirió la Compañía Telefónica del Interior por la suma de noventa y cinco millones de dólares. Asimismo, en el mes de noviembre de 1946, se adquirió la Compañía Francesa de ferrocarriles.

En un gesto ratificatorio de la nueva política económica, en el mes de julio de 1947, el Presidente viajó a la provincia de Tucumán y en la casa histórica de esta declaró solemnemente nuestra Independencia Económica.

Si bien los primeros años de la presidencia del General Perón afirmaron la tendencia de una real independencia económica, con el correr del tiempo surgieron factores de origen externo que comenzaron a dificultar la concreción de los logros enunciados. Es posible considerar que la más importante dificultad resultó la marcha de la relación económica triangular existente entre nuestro país, los Estados Unidos de Norteamérica y Gran Bretaña. En efecto, para lograr el desarrollo enunciado resultaban indispensables materias primas, bienes de capital y productos manufacturados provenientes en particular de los Estados Unidos. En cuanto a Inglaterra, si bien requería nuestros productos del campo, no podía proveer la maquinaria y materias primas que nosotros necesitábamos. Respecto de ello, si la Argentina hubiera podido convertir en dólares las libras esterlinas que Gran Bretaña nos adeudaba, el problema se habría solucionado.

En cuanto a lo que venimos señalando, resulta necesario destacar que, poco tiempo después de asumir la presidencia el General Perón, llegó a Buenos Aires una delegación proveniente de Londres con el objeto de llevar a cabo negociaciones sobre tres cuestiones de fundamental interés para ambos países. Tales asuntos eran:

1. Como disponer del balance en libras esterlinas en favor de la Argentina.

2. El futuro del comercio anglo-argentino.

3. El destino de los ferrocarriles ingleses.

Las tratativas se extendieron más de lo previsto, estuvieron a punto de fracasar y también de producirse el retorno a su país de la delegación inglesa cuando una propuesta, en última instancia del Presidente Perón, salvó las tratativas, acordando lo siguiente:

1. Argentina no recibiría el balance adeudado en libras esterlinas y bloqueado en Londres, sino que lo utilizaría para cubrir cualquier déficit comercial que la Argentina pudiese incurrir en el área de esa moneda.

2. Gran Bretaña compraría la mayor parte de los saldos exportables de carne argentina durante los siguientes cuatro años.

3. Una compañía mixta argentino-británica tomaría posesión de los ferrocarriles que se encontraban por entonces bastante deteriorados y requerían una urgente modernización.

El acuerdo enumerado fue duramente criticado por la oposición y en particular por los radicales, que en la Cámara de Diputados denunciaron el acuerdo como una entrega más de nuestra economía.

En el mismo sentido se expresaron en sus editoriales los diarios *La Nación* y *La Prensa*, los que afirmaron que Inglaterra había obtenido ventajas una vez más.

Finalmente, el acuerdo quedó sin efecto ante la oposición de Estados Unidos, acreedora de Gran Bretaña por una suma aproximada a los cuatro billones de dólares.

Frente al problema generado, Perón decidió usar los balances en libras esterlinas para comprar los ferrocarriles, decisión fundada en el riesgo de que el país del norte se apropiara de los ferrocarriles para cubrir parte de su crédito a Gran Bretaña y, además, que ello significaba un acto de mayor crédito para su gobierno.

Todo el optimismo despertado con el proyecto de una Argentina "Potencia Económica" se fue diluyendo con el correr del tiempo. Un factor en gran medida decisivo en tal sentido fue la aparición y aplicación del "Plan Marshall", implementado por Estados Unidos para ayudar a los países de Europa Occidental, a excepción de España, con el objeto de su recuperación económica.

El mencionado Plan lejos estuvo de beneficiar a nuestro país, debilitó nuestras exportaciones que generaron menores ingresos, transformando en deficitaria nuestra balanza de pagos.

La situación referida se acrecentó en los últimos años de la Presidencia de Perón, donde el país perdió gran parte de sus reservas y la condición de país acreedor.

El mundo y la situación internacional

Luego de la rendición de Alemania y Japón, la paz definitiva resultó solo una esperanza. En efecto, el acuerdo entre vencedores lejos estuvo de asegurar una paz verdadera.

Las grandes potencias aliadas, EE. UU., Gran Bretaña y la URSS, pese a su unión para combatir y derrotar a los países del Eje, lejos estaban de coincidir en la aplicación de un mismo sistema político y mucho menos ideológico, que asegurase la paz y la convivencia proclamada.

En las conferencias previas a la terminación del conflicto, se advirtieron discrepancias entre los mencionados en primer término y la URSS, los cuales, terminada la guerra, se agravaron y profundizaron de manera alarmante.

La división de Europa en dos grandes sectores: Occidental y Oriental. El primer bajo la tutela política y económica de EE. UU., y sus principales aliados, Inglaterra y Francia. En tanto el sector oriental, bajo la exclusiva conducción de la URSS. El límite entre ambos sectores lo constituyó un muro levantado en la ciudad de Berlín, ex capital de Alemania, que dividió a este país en dos, perfectamente diferenciados: Alemania Occidental y Alemania Oriental.

El sector oriental de Europa sintió rápidamente la fuerza material e ideológica soviética que impuso el sistema comunista en todos los estados del sector.

Ese sistema impuesto determinó a EE. UU. y sus aliados occidentales europeos a celebrar un tratado para asegurar a los países occidentales. Fueron los firmantes y beneficiarios de este: EE. UU., Reino Unido, Canadá, Francia, Bélgica, Holanda, Italia, Dinamarca, Noruega, Portugal, Islandia, Grecia, Turquía y Alemania Occidental. El aludido tratado se denominó "Organización del Tratado del Atlántico Norte – OTAN".

Para consolidar el referido acuerdo, EE. UU. aplicó el Plan Marshall, destinado a asistir económica y técnicamente a las necesidades de los integrantes de la OTAN, ubicados al occidente de Europa, con la sola excepción de España, por considerar a esta regida por un gobierno dictatorial alejado de los principios democráticos.

Los países americanos, salvo Canadá, no recibieron los beneficios del Plan Marshall.

En lo que respecta a nuestro país, el gobierno del General Perón mostró siempre una actitud solidaria con la política occidental, suscribiendo toda declaración ratificatoria de las Naciones Unidas al respecto.

Sin perjuicio de ello, Argentina no dejó de celebrar acuerdos comerciales con los países de Europa Oriental, por cuanto ello, de suyo, no significaba acuerdo alguno con las ideologías de los gobiernos de los países que respondían a la URSS.

Frente a la situación reinante en el mundo y el consiguiente enfrentamiento entre las grandes potencias, se hacía virtualmente imposible el mantenimiento de la paz.

Por la referida situación, el 6 de junio de 1947, el presidente Perón, en una declaración difundida a través de la radio dirigida no solo a la Argentina, sino también a todos los países latinoamericanos, enunció lo que denominó "la tercera posición", como forma de terminar la Guerra Fría, e invitaba a todos los gobiernos de Latinoamérica a unirse en paz y tomar contacto a través de los buenos oficios del Vaticano.

Respecto a los objetivos de la anunciada "tercera posición", Perón expresó:

En la compulsa de los factores que influyen en los conflictos guerreros generalmente prepondera la consideración de los intereses. Antiguamente se justificaban las guerras entre los pueblos por razones religiosas, por antagonismos o por anhelos de preponderancia política o simplemente, por aspiraciones de hegemonía regional. En nuestro tiempo esas formas han pasado a ser la excepción; la regla la constituyen los conflictos armados por intereses nacionales o imperialistas.

Según ello pareciera natural y lógico que los países, en tales conflictos, pudieran tomar el partido que más les conviene a sus intereses nacionales. Sin embargo, en las dos últimas guerras, llamadas mundiales, el predominio de algunos grupos nacionales dominantes ha impuesto a los países, por la amenaza, la presión o las conveniencias creadas, una conducta distinta.

Los EE. UU. en la primera guerra fue "aislacionista", hasta que sus intereses le aconsejaron intervenir oportunamente casi al final de la contienda. Ese mismo país, en la segunda guerra, tomó inicialmente la misma posición que en la primera, y solo cuando Gran Bretaña estaba al borde del desastre y la amenaza japonesa ponía en peligro los intereses norteamericanos, decidió intervenir.

"Las dos terceras partes de los demás países del mundo intervinieron pro presión sobre sus intereses o amenazas sobre su futuro, por parte de los presuntos vencedores que inclinaron cada día más a los neutrales, a medida que sus posibilidades de triunfo se fueron perfilando.

Pareciera inferirse de lo anterior, que, aun en las situaciones creadas en el último análisis, fueron siempre los intereses los que decidieron que el punto de presión más sensible sigue siendo, aun durante la guerra, el de los intereses de las naciones.

Hoy pareciera que los dos imperialismos en pugna hubieran aprendido de los hechos pasados, que no es conveniente esperar la guerra para decidir a sus presuntos aliados. Por eso han surgido, de un lado, la "cortina de hierro" y del otro los pactos regionales del Atlántico Norte, del Atlántico Sur, del Mediterráneo, etc.

Pero ni en la cortina ni en los pactos han tratado de persuadir ni de sumar voluntades, sino imponer decisiones por la ocupación, por la presión de los intereses. Esto ha construido un sector importante de la "Guerra Fría" mediante la cual Rusia, mientras discute con los Estados Unidos, se ha tragado once países, y en tanto Estados Unidos discute con Rusia, hacen posible tragarse a los demás.

Una ofensiva decidida de la lucha diplomática en los cinco continentes ha traído ya la lucha militar en diversos sectores. En caso alguno se ha respetado la libre decisión de los Estados, como tampoco se ha contemplado la libre determinación de los pueblos. Es que cuando los intereses de los imperialistas intervienen, todo otro derecho o todo otro interés es avasallado.

La política mundial está llegando al final de esta etapa sin que el éxito corone sino una parte de sus designios. Existe en el mundo una neutralidad o aislacionismo en potencia. Es que los hombres y los pueblos han aprendido la lección de los tiempos y de las luchas: en los tiempos que corren los únicos que ganan la guerra son los que logren sustraerse a ella.[1]

La situación internacional y el viaje de Eva Perón

Como lo hemos considerado, la situación internacional volvió a tornarse compleja poco tiempo después de concluida la guerra.

Las potencias vencedoras pusieron de manifiesto sus insalvables discrepancias ideológicas y el irrenunciable propósito de imponerse en el mundo. Los EE. UU. y la URSS constituyeron la representación y el liderazgo del referido enfrentamiento y principalmente Europa fue el mayor escenario de este, ya que, a partir de la división de la derrotada Alemania, aquel mencionado continente se dividió en Occidental y Oriental.

Correspondió a los Estados Unidos y sus principales aliados, Gran Bretaña y Francia, la fracción occidental, en tanto la URSS extendió su supremacía política e ideológica sobre la Europa Oriental.

La referida circunstancia determinó lo que fue denominado como Guerra Fría, considerada como preludio de un tercer conflicto mundial.

---

1 "Perón – la tercera posición", en *Descartes. Política y Estrategia*, 1951.

Los Estados Unidos, con el más sólido poder económico y militar del mundo occidental, desarrolló una efectiva política de apoyo respecto de los países de Europa Occidental a través del denominado "Plan Marshall", que significó una concreta recuperación de los referidos estados. No obstante, el objetivo concretado, el referido plan excluyó de sus alcances a España.

La exclusión que mencionamos tuvo por fundamento que la neutralidad de ese país durante la guerra había respondido a que era gobernado por el Generalísimo Francisco Franco –vencedor de la Guerra Civil desarrollada entre los años 1936 y principios de 1939–, constituyendo una dictadura de análogas características de las desplegadas en los países del Eje.

Como consecuencia de esa medida, el desamparo y la pobreza del pueblo español se agravaron en mayor medida. La referida situación no generó en el concierto internacional (América) ninguna reacción ni expresión de solidaridad con el mencionado pueblo. La única excepción al respecto fue la del gobierno y pueblo argentino que se mostraron positivamente solidarios con la Madre Patria, acudiendo en ayuda de ese pueblo de manera efectiva y significativa.

Corresponde señalar que la ayuda material referida se llevó a cabo, siguiendo nuestra tradición en materia internacional, sin ninguna referencia ni juicio respecto al sistema político imperante en España.

El efecto que produjo en España nuestra desinteresada ayuda no solo significó el expresivo agradecimiento del pueblo y gobierno español, sino que determinó la invitación del Generalísimo Franco al Presidente Perón a visitar el país.

El desarrollo de la política interna y nuestra posición internacional determinó al Presidente Perón a no responder la invitación.

Perón sustituyó la referida visita por un viaje a España y otros países europeos que habría de realizar su esposa, doña María Eva

Duarte. El aludido viaje tendría carácter protocolar. Aquel viaje se llevó a cabo entre los meses de julio y agosto de 1947.

Durante el curso de este, la Sra. Eva Perón no solo visitó al Generalísimo Franco y particularmente al país español, sino que también visitó Italia, siendo recibida en audiencia por su Santidad Pío XII.

En su paso por Francia, concretó un acuerdo comercial recíproco con ese país. Posteriormente, visitó Bélgica, Suiza y Portugal, emprendiendo luego el regreso al país, previo paso por Río de Janeiro y Montevideo.

Como dato anecdótico, cabe destacar que, en España, obtuvo del Generalísimo Franco que conmutara la pena de muerte dictada a una dirigente comunista.

Eva Perón y la fundación de ayuda social

A su regreso de Europa, la señora esposa del Presidente Perón se lanzó a llevar a cabo una intensa actividad destinada a la ayuda social y a la protección de la mujer. Con el referido propósito y con el apoyo del gobierno nacional, se constituyó la "La Fundación de Ayuda Social María Eva Duarte de Perón", que se instaló en el Palacio que fuera sede del Consejo de Deliberante y, luego de 1943, asiento de la Secretaría de Trabajo y Previsión.

Desde el referido lugar, la Sra. Eva Perón desarrolló de manera ininterrumpida una efectiva ayuda a la clase más desposeída del país, y en particular a niños y ancianos.

En cumplimiento de esos objetivos, se constituyeron centros de ayuda social, se construyeron hospitales, escuelas y hogares en todo el territorio del país.

Los fondos para la realización de esas obras provenían de los aportes de los mismos trabajadores y de las empresas, en relación con sus ganancias, así como también de otros tributos creados al efecto.

La importancia y valor de todas las obras concretadas generó un profundo apoyo popular y un creciente liderazgo de la señora esposa del presidente. No obstante, los partidos, la prensa y los organismos opositores al gobierno no cesaron de pronunciar críticas contra la entidad, su metodología para obtener fondos y, en particular, contra su conductora y su método de trabajo.

La aludida crítica, en realidad, formaba parte de la creciente oposición al gobierno por parte de los sectores señalados.

El creciente apoyo y popularidad de la Sra. Eva Perón la llevaron a conducir el ala femenina del Partido Peronista, que, a través de la ley que consagró el voto femenino, habría de dar oportunidad a la mujer argentina de participar activamente en las elecciones nacionales y cuya oportunidad, conforme a la reforma constitucional, fue en las desarrolladas en 1952.

La obra social desplegada por la señora Eva Perón se vio truncada por su enfermedad y prematura muerte producida en el mencionado año.

La reforma constitucional

Desde que Perón inició su campaña presidencial, subrayó la necesidad de una reforma de la Constitución Nacional para adaptarla a la realidad de esos tiempos. Con el referido propósito, desde el comienzo del gobierno del General Perón, varios legisladores oficialistas presentaron proyectos.

Al iniciar el período Legislativo del año 1948, el Presidente Perón, al dirigirse a la Asamblea Legislativa, y al referirse al tema de la reforma constitucional, expresó:

> La reforma constitucional es una necesidad impuesta por la época y las necesidades de una mayor perfectibilidad orgánico-institucional. Por grande que fue el sentido de previsión de nuestros

constituyentes, el mundo ha evolucionado de una manera que, cuanto se estableciera hace un siglo, ha debido ser influido por la fuerza de nuevos y decisivos acontecimientos.

La evolución es para los pueblos un agente de rejuvenecimiento permanente y si bien la reforma constitucional debe imponerse con espíritu de prudencia ante las realidades menester es también, en honor a la perfectibilidad constitucional, no aferrarse o excederse en el mantenimiento de prescripciones arcaicas o inconducentes por haber sido superadas por el tiempo.[2]

Más adelante, y dentro del tema, dijo:

Hemos dicho que la era del fraude ha terminado y, para que ello resulte efectivo en los hechos, no es suficiente que nosotros aseguremos la legalidad de los comicios que realicemos, sino que es menester no introducir sistemas que puedan en lo futuro incitar al fraude y a la violencia a personas inescrupulosas o a fracciones de ciudadanos que supongan que la salvación de la patria puede realizarse o por sus hombres o sus sistemas.

En seis años de gobierno, un ciudadano debe dar de sí todo cuanto posee en el bien del país. Luego es menester que llegue a otro con nuevas ideas y nuevas energías para ponerlas al servicio del bien común, que es el bien de la patria.

Un presidente que llega a su oficina a las 10 y luego de firmar algunos expedientes y conversar con sus amigos se retira a las 12, puede cumplir no solo dos, sino diez periodos presidenciales si le da la vida. Pero comenzando su labor a las 5 de la mañana y abandonándola a las 8 o 9 de la noche, como hacemos nosotros, no creo que se pueda aguantar más de seis años.

Una cosa es la vida cómoda y otra el sacrificio en la función pública; también otros son los resultados.

Para nuestros compañeros que aspiran a consolidar y prolongar nuestras construcciones para el bien del pueblo, puedo asegurar-

---

2 *La Nación* del 2 de mayo de 1948, pág. 10, 4ta. columna.

les que todo está en marcha. La organización será total dentro de cuatro años, y para ese entonces las reformas cumplidas y consolidadas darán al país una nueva estructura integral que presentará al mundo el ejemplo de un país feliz por ser socialmente justo, económicamente libre y políticamente soberano.

Entre nuestros hombres existen ya numerosos equipos capacitados con la doctrina, la técnica orgánica, la capacidad, la honradez y el amor al bien público profundamente arraigados, como para encarar con éxito las realizaciones de orden político, económico, social, cultural, etc.

Una pléyade de hombres jóvenes formados en nuestra escuela y fortalecidos en nuestra doctrina serán nuestra prolongación en el tiempo y en el espacio. Ellos evitarán la repetición de los hechos por todos conocidos, que en el orden social, económico y político hicieron tanto mal a la República y a los argentinos.

El actual personalismo que luchó por anular desde el gobierno, dejando actuar a las fuerzas populares, debe evolucionar hacia una organización estable y consolidada de las fuerzas y los valores personales.

Sería peligroso para el futuro de la República y para nuestro movimiento si todo estuviera pendiente y subordinado a lo pasajero y efímero de la vida de un hombre.

Prolongar esa situación por una reelección no será, sino agravar el problema.

Es menester cambiar al hombre por la bandera. Esa bandera será nuestra doctrina y nuestros objetivos.[3]

Precisamente, el mencionado diario, en su editorial del día 2 de mayo de 1948, dio a conocer su opinión sobre las afirmaciones del Señor Presidente de la República, que llevó por título: "La palabra Presidencial". Y estaba dedicado a comentar el discurso presidencial del día anterior ante la Asamblea Legislativa y, con respecto al tema de la reforma constitucional, dice:

---

3 *La Nación* del 2 de mayo de 1948, pág. 10 4ta. columna

…Entre los de orden fundamental que han sido objeto de la exposición, es imprescindible detenerse en el de la reforma constitucional, para destacar el acierto con el que el general Perón ha juzgado de los fines atribuidos a la iniciativa en preparación. Después de pronunciarse en sentido favorable a la enmienda de las disposiciones arcaicas o inconducentes que contenga la ley fundamental, por no responder ya a las necesidades de la evolución, se refirió al artículo 77 de aquella, prohibitivo de la reelección del presidente y vicepresidente sino con intervalos de un periodo. Es notorio que la idea de reformar esta cláusula, levantando el impedimento establecido, cuenta con algunos partidarios, habiéndosela incorporado a un proyecto en que se proponen otras modificaciones, el presidente se ha manifestado en contra y lo ha hecho en términos apropiados para impedir que se susciten dudas a ese respecto. En su sentir, la reelección sería un "enorme peligro" para el futuro de la República.

Al apreciarla con ese criterio, ha revelado tener clarividencia del destino nacional, como consecuencia del conocimiento de la psicología del pueblo y de la enseñanza de otros países. Desde los días iniciales de la Independencia pudo comprobarse, de manera plena, el espíritu democrático de las masas y el riesgo de la perpetuación de los hombres en el poder. Ha hecho referencia a que en varios países el sistema de reelección ha sido una escuela del fraude. Por desgracia, la experiencia americana ofrece testimonios de esa especie. En más de una república hubo gobernantes que retuvieron el mando durante el lapso de muchos años. Los pueblos vivían bajo la tiranía, soportando desmanes innumerables, hasta que, según sucede en tales ocasiones, llegó el día del juicio. Es que, como se dice en el mensaje, "si bien todo depende de los hombres, la historia demuestra que estos no siempre han sido ecuánimes ni honrados para juzgar sus propios méritos y contemplar las conveniencias generales, subordinando a ellas las personales o de círculo".

La condenación del sistema, que constituiría –se añade en el mensaje– "una amenaza de graves males que tratamos de eliminar desde que actuamos en la función pública", es un acierto de valor incalculable. Sería inútil intentar una réplica fundada en el antecedente de Estados Unidos, en donde, por otra parte, hay tentativas para poner un límite a las reelecciones. El sistema más conveniente a cada país no depende de argumentos doctrinarios, sino de diferentes factores, entre los cuales ocupan un lugar de preferencia los antecedentes históricos. Los cierto es que entre nosotros la inmensa mayoría cree, con el primer mandatario, que la "prescripción existente es una de las más sabias y prudentes de cuantas establece nuestra Carta Magna".[4]

Tanto a partir de la referida alocución presidencial, como antes de ella, varios diputados de la bancada oficialista presentaron proyectos de reforma constitucional.

La importancia del proyecto de reforma tuvo señalada repercusión en el Instituto de Ciencias Políticas de la Facultad de Derecho de la Universidad de Buenos Aires.

El Director de este, Dr. Faustino Legon, convocó a los profesores de la casa a responder una encuesta sobre la reforma constitucional. Se expidieron sobre esta una importante mayoría, mostrando su decidido y señalado apoyo a la aludida reforma.

En virtud de lo manifestado, con fecha 13 de agosto del mencionado año, el Poder Ejecutivo convocó al Congreso a una reunión extraordinaria para tratar la reforma constitucional.

Pese a la objeción formulada por la oposición sobre la forma de convocatoria, el proyecto se trató por el voto de la mayoría oficialista.

El debate en la Cámara de Diputados demandó una extensa discusión en la que los miembros de ambas bancadas expusieron su opinión en favor y en contra de la reforma. Finalmente, el proyecto fue aprobado, aunque seriamente objetado por la oposición, por entender que no contó con el efectivo sufragio de dos tercios

---

4 Ídem.

de los miembros de la Cámara conforme lo requería la Constitución vigente. Por el contrario, la mayoría sostuvo que los dos tercios eran de miembros presentes.

Por su parte, el aludido proyecto fue aprobado en la Cámara de Senadores, sin observación alguna.

Finalmente, el llamado a elecciones para constituyentes fue sancionado y promulgado mediante la Ley 13.233.

Las referidas elecciones tuvieron lugar el 5 de diciembre de 1948. El resultado del acto constituyó una ratificación de apoyo a la iniciativa oficialista que obtuvo 1.728.120 sufragios, representativos del 61.68 % de los votos emitidos, contra 756.162 de la U.C.R.; 81.057 del Partido Comunista; 18.933 del Partido Conservador y 118.610 entre votos en blanco y anulados.

Reunidos los electos, la Convención Constituyente designó para presidirla al Coronel Domingo Mercante, convencional electo por la provincia de Buenos Aires.

El comienzo de las deliberaciones tuvo lugar el 1 de febrero de 1949, oportunidad en la que los convencionales pertenecientes a la U.C.R. presentaron un proyecto de resolución para que se declarase la nulidad de la Asamblea, fundado en la nulidad de la convocatoria, conforme habían sostenido en el debate parlamentario. Puesto a votación, fue rechazado por la mayoría, generándose así el abandono de la Convención por parte de los proponentes.

Tanto durante las deliberaciones como en la redacción, el proyecto de reformas definitivo contó con la decisiva participación y apoyo intelectual del convencional Arturo Sampay, reconocido constitucionalista y autor de gran parte de las reformas incluidas en la parte dogmática del texto.

El nombrado fue autor de importantes y trascendentes obras jurídicas. Así, en 1942, escribió *La Crisis del Estado de Derecho Liberal Burgués*; en 1945, *Introducción a la Teoría del Estado* y en 1944, *Filosofía del iluminismo en la Constitución Argentina* de

1853. Al referirnos a Arturo Enrique Sampay no podemos dejar de destacar el significado y trascendencia de sus pensamientos en el campo del Derecho Constitucional que lo ubica en los primeros lugares tanto de la ciencia constitucional como de la política de la que llegaba precedido, al ser elegido convencional constituyente por la Provincia de Buenos Aires.

De los libros citados, nos referiremos brevemente a dos de ellos, habida cuenta de la importancia e influencia que tuvieron tanto en el proyecto de su autoría, como en la redacción definitiva de la Reforma Constitucional.

En primer lugar, y dada su producción en el tiempo, nos referiremos a *La Crisis del Estado de Derecho Liberal Burgués*. En esta obra, Sampay busca demostrar que la cultura basada en el liberalismo individualista había comenzado a agotar su ciclo de vida.

Su tesis se inspira en principios ya sostenidos por el nacionalismo en las décadas del 20 y del 30 del siglo XX, ello explica como lo sostiene Juan Fernando Segovia:

> …por eso no extraña que su texto se inspire en la intención última de recuperar para el pueblo argentino la unidad sustantiva de una nación a través de la homogeneidad espiritual. La crítica de la neutralidad religiosa del Estado liberal es, entonces, capital en su proyecto porque esa pretendida imparcialidad supone tomar partido a favor del relativismo moral y del agnosticismo, olvidando que la dignidad humana está depositada en su procedencia y su destino divino.[5]

Realiza luego profundas críticas al liberalismo, la democracia y los partidos políticos, producto estos últimos de los dos anteriores. A través del desarrollo de sus juicios, su texto abre el camino para su ulterior argumentación, profundamente desarrollada en su otra

---

5 "Pensamiento, Estado y Reforma Constitucional", en *Revista de Historia del Derecho* N.º 32, pág. 391

obra dedicada a la Constitución entonces vigente, que fue titulada *La Filosofía del Iluminismo y la Constitución de 1853*, que, como señalamos, fue publicada en 1944.

En el referido trabajo, nuestro autor estudia la filosofía política, económica y social que informa al texto con el propósito de analizar su contenido, como esquema de cultura para la Nación y, al respecto, sostiene que la filosofía que informa la Constitución de 1853 es la del iluminismo, solo moderado por cierto respeto al tradicionalismo hispánico. Asevera, asimismo, que la referida filosofía se revela en tres aspectos del texto constitucional: el agnosticismo filosófico, las declaraciones de derechos y el concepto de ley.

Respecto al agnosticismo, sostiene que surge de la neutralidad cultural del Estado, signada esta por el demérito de la vida cultural, en la que el Estado encuentra, en la producción y el consumo, las categorías centrales de la vida humana. Tal afirmación se comprueba en la filosofía política expuesta en las "Bases" y en lo expresado en los debates de la Convención Constituyente, a través de las palabras de Francisco Sergio, José Benjamín Gorostiaga o Juan María Gutiérrez. Lo que le permite afirmar que el racionalismo y el economicismo burgués determinan las afirmaciones culturales del texto constitucional.

Con relación a los derechos de la Constitución, declara que ellos se fundan en el derecho natural, racionalista o iluminista. Prueba de ello es que esa filosofía es la que inspira esos derechos. Sampay lo encuentra en las expresiones de los miembros de la Comisión Revisora de 1860, donde revelan su trasfondo ideológico.

En cuanto al concepto de ley y la función legislativa, Sampay la atribuye a la doctrina de la voluntad general, enunciada por Juan Jacobo Rousseau, de contenido racionalista.

Por todo lo expuesto, nuestro autor sostiene que la Constitución ha dejado de servir a las exigencias de los nuevos tiempos, así como tampoco el Estado liberal responde a las nuevas realidades. Las crisis desatadas en el mundo durante la tercera y cuarta década del siglo XX han debido dar paso al dirigismo estatal, hecho este que, de suyo, indica la muerte de la economía liberal. Se plantea luego un interrogante sobre si la Constitución vigente sirve a los fines de la dignidad y libertad de los hombres, conforme proclama el texto, a lo que responde negativamente y con relación a ello textualmente expresa:

> ...en el fondo de la crisis argentina hay una crisis ética, nos queja un mortífero absentismo moral y es el fruto del ethos que informa nuestra constitución y el sistema constitucional que la complementa. El antagonismo, filosofía oficial del Estado liberal argentino, es la negación de la moral. Y un estado sin moral llega fatalmente a ser un Estado sin moralidad.[6]

Lo afirmado por Sampay está referido a la moral objetiva que requiere una recuperación de valores supremos para, de ese modo, restaurar la moral y la política.

Con base en los principios enunciados de las dos obras citadas, la labor desarrollada por Sampay en la Convención Constituyente de 1949 estuvo dirigida a la concreción de esos objetivos, que incorporó a su proyecto y reconoce el texto definitivamente sancionado en su parte dogmática.

Su brillante desempeño como convencional ha permitido juzgarlo de manera unánime, como el redactor de la Constitución de 1949. En tal sentido, resulta decisivo lo que le expresara al Presidente Perón en carta que le remitiera al Sr. Sampay el 24 de septiembre de 1949, cuyo texto se trascribe a continuación:

---

6 Arturo E. Sampay, *La filosofía del iluminismo y la Constitución Argentina de 1853*, Depalma, Buenos Aires, 1944, pág. 11.

Buenos Aires, 24 de septiembre de 1949
Señor Doctor

D. Arturo Enrique Sampay

Fiscal de Estado de la Provincia de Buenos Aires

Mi estimado amigo:

He recibido con verdadero agrado su carta, que acompaña a modo de dedicatoria al volumen "LA REFORMA CONSTI-TUCIONAL", en el que Ud. ha reunido los discursos que pronunció en la Convención Nacional Constituyente de 1949, en su calidad de miembro informante.

Con la humildad característica de los espíritus realmente elevados, ha tomado Ud. a su cargo el realizar esa tarea de recopilación que a breve plazo hubiera tenido que llevar a cabo la Nación, ya que sus discursos integran la doctrina auténtica de la Constitución Argentina de 1949, y a ellos deberá remitirse el conocimiento científico jurídico para interpretarla.

Mucho me alegro de que haya leído alguna de mis obras en procura de lineamientos políticos aplicables a las tareas que debía realizar, y no puedo disimular que en los elogios que de ellas hace, cabe mucho de amistad y consecuencia para quien lo aprecia y estima.

He leído con profundo interés el opúsculo sobre "ESPÍRITU DE LA REFORMA CONSTITUCIONAL". Considero que constituye una fidelísima interpretación de los ideales que nos decidieron a cambiar la Ley fundamental de la Nación. Su difusión contribuirá sin duda eficazmente al cabal conocimiento de la trascendental obra realizada, que ha logrado concretar en nuestro país la antigua aspiración de la Humanidad, invocada en la Encíclica del Pontífice Pío XI con la transformación del capital expoliador en instrumento de felicidad social.

Al agradecerle los conceptos cordiales de su carta, le hago llegar mis sinceras felicitaciones por la elevada inspiración de sus obras, que entraña un inestimable aporte a los altos fines de la revolución.

JUAN PERÓN

En cuanto a las enmiendas a la sección orgánica, debe señalarse la incorporación de la elección directa para Presidente de la República y Senadores nacionales, y la posible reelección inmediata del primero.

La convención concluyó su cometido en el tiempo establecido por la ley y el texto sancionado fue jurado por todas las autoridades de la Nación (el referido texto tuvo vigencia y aplicación hasta que la denominada Revolución Libertadora lo declaró nulo y puso en vigencia nuevamente la Constitución de 1853 con las reformas introducidas con posterioridad).

1949, año complejo

1948 había sido un año particularmente exitoso para el gobierno del General Perón, culminando con dos triunfos electorales significativos. El primero de ellos, en las elecciones del 7 de marzo del mencionado año, convocadas para la renovación parcial de la Cámara de Diputados, donde obtuvo el 60 % de los sufragios que le aseguraron la mayoría de los dos tercios de esa rama del Congreso. El otro éxito lo logró en las elecciones para convencionales constituyentes que se realizaron el 5 de diciembre, en las que obtuvo el 68 %.

Desde el punto de vista político, para el gobierno, la reforma constitucional aprobada por la Convención Constituyente y luego jurada por todas las autoridades nacionales, resultó de particular interés para el Presidente, al otorgar el nuevo texto la posibilidad de reelección inmediata a la primera magistratura a la que, dado el apoyo electoral con que contaba, aspiraba a obtener.

Si bien la reforma constitucional significó no solo una ratificación al gobierno, sino también la cierta realidad de un nuevo gobierno del General Perón, el texto constitucional contenía un artículo que, el propio Presidente, intentó evitar su sanción. En efecto, el artículo 40, norma escrita a inspiración del doctor

Arturo Sampay, redactor, como hemos señalado, de la mayoría de los textos de la parte dogmática, no fue apoyada por Perón que intentó sin éxito su exclusión.[7] El referido texto establecía:

> La organización de la riqueza y su explotación tienen por fin el bienestar del pueblo, dentro de un orden económico conforme a los principios de la justicia social. El Estado, mediante una ley, podrá intervenir en la economía y monopolizar determinada actividad, en salvaguarda de los intereses generales y dentro de los límites fijados por los derechos fundamentales asegurados en esta Constitución. Salvo la importación y la exportación, que estarán a cargo del Estado de acuerdo con las limitaciones y el régimen que se determine por ley, toda actividad económica se organizará conforme a la libre iniciativa privada, siempre que no tenga por fin ostensible o encubierto, dominar los mercados nacionales, eliminar la competencia o aumentar usurariamente los beneficios.

> Los minerales, las caídas de agua y yacimientos de petróleo, de carbón y de gas y las demás fuentes naturales de energía propia, con excepción de los vegetales, son propiedad imprescindible e inalienables de la Nación, con la correspondiente participación en su producto que se convendrá con las provincias.

> Los servicios públicos pertenecen originariamente al Estado, y bajo ningún concepto podrán ser enajenados o concedidos para su explotación. Los que, al hallarse en poder de particulares, serán transferidos al Estado por compra o expropiación Previa con indemnización previa, cuando una ley nacional lo determine.

> El precio por la expropiación de empresas concesionadas de servicios públicos será el costo de origen de los bienes afectados a la explotación menos las sumas que se hubieren amortizado durante el logro cumplido desde el otorgamiento de la concesión y los excedentes sobre una ganancia razonable que serán considerados también como reintegración del capital invertido.

---

7   Alberto González Arzac en *Todo es Historia*, N.º 30.

El texto transcrito imponía la indisponibilidad de los recursos naturales por parte de capitales extranjeros, imposición que resultaba compleja de cumplir para un país en desarrollo como era la República Argentina.

El referido precepto de suyo inmodificable, salvo mediante una reforma constitucional, impidió al gobierno modificar su alcance.

Lamentablemente, durante el año que nos ocupa, sucedieron una serie de acontecimientos, en el ámbito económico y político, difíciles de superar y que alteraron el cumplimiento de los importantes planes previstos y anunciados por el Gobierno.

En el año de referencia, el gobierno enfrentó problemas de pago a Estados Unidos que, en represalia, suspendió la importación de combustible y maquinarias necesarias para el desarrollo industrial. Se produjo un aumento acelerado de la inflación; se redujo la exportación de productos agrícolas y el campo sufrió una grave sequía.

Los problemas señalados generaron un movimiento tendiente a dejar de lado algunas políticas económicas. En tal sentido, se produjo la destitución de Miguel Miranda, hasta entonces conductor absoluto de la economía, designándose en el Gabinete Ministerial a Roberto Ares y Alfredo Gómez Morales, ambos como responsables de conducir la política económica, quienes, con el referido fin, entre otras medidas, abolieron el I.A.P.I; produjeron el desmantelamiento de los controles de exportación e impulsaron una mayor cooperación con los EE. UU. Cabe indicar que las medidas enunciadas tendían a obtener un crédito en dólares por parte del citado país.

Resulta menester señalar que las graves circunstancias señaladas no tuvieron repercusión ni menguaron el masivo apoyo popular de que gozaba y siguió gozando el Presidente Perón y, en particular, la obra social desarrollada por su esposa, doña Eva Perón.

Los últimos tres años de gobierno

El año 1950, declarado año del Libertador General San Martín, por cumplirse el centenario del fallecimiento del Libertador, se caracterizó por los homenajes, evocaciones y publicaciones dedicados al Padre de la Patria.

Con el referido propósito, el 17 de agosto, fecha de su fallecimiento, se llevó a cabo un importante desfile militar del que participaron efectivos de las tres armas y fue presidido por el General Perón, su gabinete ministerial y los demás poderes del Estado. El acto que tuvo el apoyo y presencia del pueblo se llevó a cabo a lo largo de la Av. del Libertador en la Ciudad de Buenos Aires.

Desde el punto de vista político, el referido año marcó un sostenido apoyo popular a la figura presidencial juntamente con la de su esposa, por su sostenida actividad al frente de la Fundación a cargo.

Asimismo, la Sra. Eva Perón no solo desarrollaba la mencionada acción social, sino que también participaba de manera notoria en actos y decisiones de gobierno del propio Presidente.

El año 1951 se inició, en el plano político, con análogas características a las del año anterior, pero con el correr de los primeros meses estas se acentuaron de manera notoria, produciendo importantes acontecimientos.

En efecto, 1951, por ser el último del mandato presidencial del General Perón, otorgaba a este la posibilidad de un nuevo mandato presidencial conforme lo autorizaba la reforma constitucional aprobada y puesta en vigencia en 1949.

Todos los sectores integrantes del Partido Peronista, así como también la Confederación General del Trabajo, se movilizaron conjuntamente de manera unánime por la candidatura del Perón para un segundo mandato.

Ante la seguridad del primer término de la fórmula presidencial, no resultó complejo, ni mucho menos, establecer quién acompañaría a Perón como candidato a la vicepresidencia. Tanto la rama femenina del peronismo como el movimiento obrero en general expresaron su unánime voluntad de proclamar para ese sitial a la señora María Eva Duarte de Perón.

Con ese propósito, la Confederación General del Trabajo convocó a una asamblea popular a realizarse en el mes de agosto de 1951 con el fin de proclamar la fórmula Perón-Perón.

El Cabildo Abierto del Justicialismo

Como destacamos, en junio de 1952 habría de terminar el mandato constitucional del General Juan Domingo Perón, razón por la cual, en virtud de la ya citada reforma constitucional de 1949 –que consagró la posibilidad de reelección inmediata para el titular del Poder Ejecutivo–, la Confederación General del Trabajo, con el unánime apoyo de las demás ramas del Partido Justicialista, convocó a una gran asamblea popular a realizarse el día 22 de agosto de 1951 en la Av. 9 de Julio, acto al que denominó Cabildo Abierto del Justicialismo con el fin de proclamar al General Perón candidato a un nuevo período presidencial.

La convocatoria no solo contenía la aclamación de Perón como candidato a la presidencia, sino también la de su señora esposa, doña María Eva Duarte de Perón, como candidata a la vicepresidencia. Esta última proclamación respondía a la popularidad y profundo cariño que había despertado en gran parte del pueblo su incansable labor al frente de la Fundación que, como hemos descrito, ella realizaba y que se pronunciaba a través del lema: "Perón cumple, Evita Dignifica".

Desde el día anterior, durante las horas de la noche, se inició una concentración que se fue acrecentando a lo largo de las horas y que al momento de la iniciación del acto se extendía por la Av. 9 de Julio, desde su intersección con la Av. Corrientes hasta el palco levantado al efecto frente al Ministerio de Obras Públicas a la altura de la calle Moreno.

A las 17.30 horas arriba al lugar el General Perón, sin la compañía de su esposa. En esas circunstancias, el Secretario General de la C.G.T., José Espejo, encargado del discurso inicial, interrumpe al advertir la ausencia de la señora Eva Perón, para reclamar la presencia de esta e interrumpiendo el acto hasta que esta se hiciese presente en el lugar. Con esa intención, pidió previamente autorización a Perón para que fueran a buscarla.

Con ese propósito, un grupo de sindicalistas partió a cumplir con el cometido. Poco tiempo después, la señora Eva Perón se hacía presente en el palco.

Acto seguido, Espejo leyó la Declaración del Consejo Superior del Partido, cuya parte resolutiva decía:

1° - Proclamar al General Perón candidato a presidente de la República y a la señora Eva Perón para la vicepresidencia; 2° - Comunicarlo al General Perón y a la Señora Eva Perón.

La señora Eva Perón hizo uso de la palabra para agradecer tan digna propuesta, pero se negó a aceptarla, expresando su deseo de seguir en su tarea desde la Fundación en pro del pueblo necesitado. Esta negativa generó un extenso diálogo entre el pueblo allí reunido, que insistía firmemente en la aceptación de la Sra. Eva Perón. Tal situación determinó a la señora a expresar que ella haría siempre lo que el pueblo quisiese. Su última expresión fue entendida por la asamblea como su aceptación y la desconcentración de la multitud.

Al día siguiente, en la residencia presidencial, el señor Espejo fue informado de que el proyecto era imposible y, días más tarde, el 31 de agosto, Eva Perón, en un discurso transmitido por la cadena Nacional de Radio Difusión, renunció a su postulación.[8]

---

8 Todos los pormenores del acto referido fueron publicados por toda la prensa del país y también en el extranjero, como así también por los noticieros de la época.

Esta significó un compás de espera para un sector de las Fuerzas Armadas que consideraban inaceptable la influencia de la señora esposa del presidente.

Como veremos, a continuación, el descontento de un grupo militar se tradujo, un mes después, en un intento revolucionario.

Intento revolucionario

Como hemos destacado, el año 1951 se aprestaba a vivir una nueva e importante contienda electoral que comprendía la renovación de los poderes del Estado, conforme lo preceptuado por la reforma constitucional vigente desde 1949.

Conforme lo consagrado en dicha reforma, el General Perón fue postulado a la reelección presidencial, candidatura popularmente respaldada en el llamado "Cabildo Abierto del Justicialismo", organizado por la Confederación General del Trabajo y al que nos hemos referido con anterioridad.

Si bien es cierto el liderazgo del General Perón y el de su esposa mantenían amplia popularidad, a partir del referido año 1949, como también hemos señalado, no poseía la misma entidad en el ámbito del Ejército, ello como consecuencia de algunas medidas impuestas por el presidente, así como una excesiva injerencia de su esposa en cuestiones de gobierno.

Dicho descontento dio oportunidad a los políticos opositores a comprometerse con un golpe militar organizado por el General retirado, Benjamín Menéndez, que habría de estallar el día 28 de septiembre y que contaba con el apoyo de un grupo de oficiales jóvenes pertenecientes en su mayoría a la Escuela de Caballería.

El golpe de Estado proyectado nucleó en una primera instancia a dos corrientes militares distintas: la una, dirigida por el General Eduardo Lonardi, que desarrollaba sus acciones entre miembros de las fuerzas Armadas y muy pocos civiles tenían acceso a las reuniones que este jefe realizaba. Fue excepción a la referida regla el doctor Miguel Ángel Zavala Ortiz, diputado Nacional del radicalismo, quien convenció al General Lonardi que expusiera sus planes a los dirigentes partidarios. En la reunión realizada, el mencionado jefe comunicó su disposición de llevar a cabo el movimiento revolucionario, pero que iba a informar sobre la fecha de este, contando para ello con el factor sorpresa. Pese a las gestiones del doctor Zavala Ortiz y a una reunión celebrada por ambos jefes revolucionarios, no hubo acuerdo entre los mismos, decidiendo el General Lonardi no participar en el movimiento proyectado.

Ante el fracaso de las referidas negociaciones, el General Menéndez ratificó la fecha del estallido revolucionario, teniendo en consideración por sobre todo que el día 28 de septiembre el General Perón concurriría a Campo de Mayo, oportunidad que permitiría su detención.

El plan de operaciones terrestre se basaba en la sorpresa, cuyo éxito estribaba en la hipotética reacción en cadena que produciría el golpe en otras unidades. Se pensaba concentrar las fuerzas terrestres en la base aérea de El Palomar. Se contaba para ello con la Escuela de Caballería y el Regimiento de Tanques C-8, para luego marchar hacia el Colegio Militar, contando con la sublevación de otras fuerzas existentes en el Gran Buenos Aires.

Merece transcribirse la exposición de motivos que el movimiento imprimió para distribuir entre la noche del día 27 y la mañana del día 28 de septiembre. Decía el referido texto:

> Argentinos una vez más –ojalá sea la última– las Fuerzas Armadas deben hacer momentáneo abandono de sus tareas específicas en salvaguarda de los más sagrados intereses de la Nación, conculcados por un gobierno que, a través de una política demagógica y de permanente engaño, no ha trepidado a llevar a una Nación a una quiebra de su crédito interno y exterior, tanto en lo moral y espiritual como en lo material.

Historiar los actos de gobierno que han conducido a esta situación resultaría pueril, ya que son de público conocimiento y están en la conciencia de todo hombre de bien, sea cual fuere la esfera social en que actúa. Los que tenemos el privilegio de vestir el uniforme de la patria, y ser por ello en primer término fieles custodios de sus más puras glorias y tradiciones, como también del honor y prestigio de sus instituciones armadas, no podemos permanecer impasibles ante este proceso de descomposición general que amenaza llevar a la República al derrumbe total de todos aquellos valores sustanciales que concitaron siempre la consideración y el respeto de todos los pueblos civilizados.

Por lo expuesto he resuelto hoy asumir ante el pueblo de mi patria la extraordinaria responsabilidad de encabezar un movimiento cívico-militar que, por sintetizar un sentimiento casi unánime, deberá conducirnos indefectiblemente a dar término a una situación que no puede ya ser sostenida ni defendida. Cuento para ello con el apoyo de las fuerzas de tierra, mar y aire y el respaldo de la ciudadanía representada por figuras prominentes de los partidos comprometidos en una tregua política que asegure la más amplia obra de conciliación nacional y el retorno a la vida digna, libre y de verdadera democracia.

Argentino ¡Viva la Patria! General Menéndez.[9]

En cuanto al desarrollo y ulterior fracaso del movimiento referido, merece describirse brevemente el desarrollo y fin de ese frustrado intento.

Como hemos destacado, tanto el conductor del movimiento, como los oficiales que lo acompañaban, contaban en primer lugar con el copamiento y toma del Regimiento de Tanques C-8, unidad considerada fundamental dado su potencial –contaba con más con casi 200 tanques, que garantizaba en gran medida el éxito del movimiento.

---

9 *Todo es Historia*, N.º 67, pág. 17.

Mandaba la referida unidad el Teniente Coronel Carenzo y como segundo jefe al Teniente Coronel Julio Cáceres. Ambos jefes de decidida posición profesional y, consecuentemente, totalmente extraños al movimiento próximo a estallar.

A pesar de la referida lealtad profesional, el mencionado segundo jefe sospechaba de ciertas actitudes de algunos oficiales de menor graduación y en razón de ello advirtió al Teniente Coronel Carenzo no ingresar al regimiento del Acantonamiento de Campo de Mayo por la puerta que habitualmente utilizaban para ello.

El 28 de septiembre, día del levantamiento, el referido jefe, ignorando la advertencia de su segundo, intentó ingresar a Campo de Mayo por la puerta habitual, donde fue detenido por los complotados que habían copado la misma.

Por el contrario, el Teniente Coronel Cáceres, conforme sus sospechas, ingresó por otra puerta y, de ese modo, pudo acceder al regimiento, tomando conocimiento de la situación y del alcance del copamiento intentado.

Enterado de que el General Menéndez y su Estado Mayor se encontraban en el Casino del Regimiento, se ubicó en una de las compañías de este y desde allí se hizo fuerte para resistir la ocupación.

Desde la posición alcanzada, Cáceres, con probada habilidad y profesionalismo, superó la situación y logró no solo recuperar dos tanques que habían sido tomados por los rebeldes, como también la conducción del cuartel.

El saldo de ese enfrentamiento fue la muerte del suboficial Farías, leal a los defensores del cuartel y dos capitanes del bando rebelde que fueron asistidos en el Hospital Militar de Campo de Mayo.

Ante el fallido intento, los rebeldes se concentraron en la vecina Escuela de Caballería, desde donde el Jefe del movimiento dispuso marchar con el escaso material bélico que pudieron capturar en dirección al punto de concentración en El Palomar.

Al llegar a la altura del Colegio Militar de la Nación, el comando rebelde pensó contar con la incorporación de este al levantamiento en marcha. Pero al entrevistar a su Director, General Héctor Lavocat, este respondió negativamente manifestando su lealtad a las Instituciones Constituidas.

Frente a la falta de otros apoyos esperados, el General Menéndez se rindió ante el Director del Colegio Militar, culminando así su pretendida revolución.

Para juzgar a los oficiales participantes del intento se constituyó el Consejo Supremo de las Fuerzas Armadas, presidido por el general retirado Francisco Reynolds, que pronunció su sentencia el 4 de octubre de ese mismo año. El veredicto condenó al General Menéndez a 15 años de prisión y a los demás oficiales apenas oscilaron entre 6, 4, 3 y menos tiempo. Todos los condenados fueron recluidos en el Penal de Rawson, provincia de Chubut.

Algunos de estos oficiales, reincorporados luego de la Revolución de 1955, tuvieron importante participación en los sucesos político-militares que se fueron sucediendo luego en el país. Cabe mencionar en tal sentido al Coronel Manuel Reimundes, los Generales Julio Alzogaray, Pablo Agustín Lanusse, Gustavo Martínez Zuviria y Ricardo Echeverry Boneo, entre otros.

El último año de gobierno y la sucesión presidencial

Como hemos expuesto, durante 1951 se produjeron dos acontecimientos cuya dimensión y repercusión incidieron en la marcha política y social del país. Nos referimos al denominado "Cabildo Abierto del Justicialismo" y al intento de golpe revolucionario encabezado por el General (R) Benjamín Menéndez. El primero, que, como sabemos, tenía por objeto consagrar popularmente las candidaturas presidenciales de Juan Domingo Perón y su esposa María Eva Duarte de Perón, se frustró a los pocos días ante la renuncia de la señora Eva Perón sobre la que expondremos más adelante.

En cuanto al hecho revolucionario citado, pese a haber sido rápidamente dominado, puso en evidencia que algunas decisiones del Gobierno habían afectado el sólido apoyo de las Fuerzas Armadas, en las que algunos de sus miembros disentían abiertamente con el contenido de esas políticas.

Si bien la candidatura del General Perón, para un segundo mandato, mantenía sólido y masivo apoyo, la renuncia de la candidatura a la vicepresidencia por parte de su esposa generó en una primera instancia frustración en la masa popular, que, con el correr de los días, fue tomando estado público que la lamentada renuncia había obedecido a la grave y terminal dolencia que padecía la Señora Eva Perón.

Con el correr de los días, las noticias sobre su estado de salud se hicieron más alarmantes y graves motivando la realización de continuos actos religiosos destinados a pedir por su salud.

El acto del 17 de octubre del referido año, realizado en la Plaza de Mayo al que asistió una gran multitud para escuchar la palabra del General Perón, contó también con la presencia y la palabra de Eva Perón que en esa jornada habría de tener su último encuentro con la multitud que vitoreaba su nombre y a la cual dirigió la palabra y pidió el permanente apoyo a su esposo, único y verdadero defensor del pueblo y los humildes.

Perón, como sabemos, conforme lo normado por la reforma constitucional de 1949, se hallaba habilitado para aspirar a un nuevo mandato presidencial, para el cual fue unánimemente propuesto por el partido oficialista, y designó nuevamente como compañero de fórmula al Doctor Juan Hortensio Quijano.

Corresponde señalar también que, de acuerdo con lo normado por la reforma constitucional, la elección de Presidente de la República y de Senadores Nacionales se haría en forma directa dada la supresión de los Colegios Electorales.

Con el propósito de enfrentar personalmente la campaña electoral, Perón delegó el mando en la persona del Presidente

Provisional del Senado, cargo que desempeñaba el Contraalmirante Alberto Teisser.

La ley electoral entonces vigente disponía que cada partido debía presentar ineludiblemente su propio candidato, impidiendo de esa forma toda unión o coalición de partidos.

La aludida norma obligó a los partidos opositores del oficialismo a consagrar su propia fórmula presidencial.

La Unión Cívica Radical, principal partido opositor, designó como candidatos a Presidente y Vicepresidente a los doctores Ricardo Balbín y Arturo Frondizi respectivamente, ambos destacados legisladores del referido partido.

El acto electoral habría de contar por primera vez con el voto femenino en toda la nación, lo que habría de significar un justo reconocimiento de ese derecho a la mujer, impulsado este por la prédica firme y decidida desde el inicio del gobierno por la Señora Eva Perón.

Precisamente, pocos días antes de las elecciones, el 3 de noviembre, la señora Eva Perón fue internada en el Policlínico de la Ciudad de Avellaneda, construido por la Fundación que llevaba su nombre, para ser sometida a una operación que demandaba su grave estado de salud.

A su expreso pedido, ambas Cámaras Legislativas dictaron una autorización para que emitiera su voto en el lugar donde se encontraba internada, lo que así ocurrió.

Las elecciones, conforme lo establecido, se llevaron a cabo en todo el país el 11 de noviembre de 1951. Estas se desarrollaron con absoluta normalidad, garantizado ello por las Fuerzas Armadas, al igual que en 1946.

El resultado de esas elecciones significó un amplio triunfo del Peronismo, que obtuvo 4.732.307 votos, lo que significó el 49 % de los votos emitidos contra 2.412.450 logrados por la fórmula Radical, representativos del 31 % de los sufragios.

Los demás partidos que presentaron candidatos propios no obtuvieron cifras significativas: el partido Conservador, 174.399 votos; el Partido Comunista, 71314 votos; y el Partido Socialista, 54.920 votos.

Poco tiempo después de la elección, falleció el Doctor J. H. Quijano, por lo que el General Juan Domingo Perón habría de asumir solo su segundo mandato, el que se extendería únicamente hasta 1955.

Epílogo

El tema que hemos desarrollado ha tenido por objeto describir una etapa de nuestra historia política e institucional que abarcó veinte años, durante los cuales el país desplegó dos modelos diametralmente opuestos en lo referente a su desarrollo político, económico y social.

Como ha quedado explícitamente esclarecido, tanto en el ámbito político como en lo económico, el país, al margen de su imagen formal, tanto en lo interno como en lo externo, careció en la primera década de autenticidad y libre determinación.

Hemos destacado, en tal sentido, que los gobiernos que se sucedieron en esa etapa se empeñaron en priorizar políticas ajenas a las auténticas necesidades requeridas para el logro de una real y efectiva autonomía.

El enfrentamiento y la puja opositora desarrollada en ese período se limitaron al logro de espacios políticos con prescindencia, salvo excepciones, de las auténticas necesidades de la Nación.

Hemos también señalado que ese panorama negativo determinó la efectiva reacción de las Fuerzas Armadas que produjeron el movimiento revolucionario triunfante el 4 de junio de 1943, expresamente fundado en las ilícitas prácticas electorales, los oscuros negocios económicos de algunos miembros del gobierno y el total olvido o desinterés por las reales necesidades de la población.

Si bien los propósitos revolucionarios se fueron diluyendo como consecuencia de enfrentamientos y discrepancias entre sus propios miembros como así también por presiones externas, del núcleo originario que produjo el estallido revolucionario surgió la figura de quien habría de ser el conductor y artífice del cambio que experimentó la República en la segunda década.

Hemos manifestado cómo el entonces Coronel Perón, ubicado en lugares que fueron decisivos para sus proyectos, desplegó su natural liderazgo en la mayoría del pueblo, de modo particular en el movimiento obrero al que supo darle una orientación auténticamente nacional. El retorno a la normalidad que reclamaba la situación del país se produjo, como hemos detallado, el 24 se febrero de 1946, a través del acto electoral más correcto desde la vigencia de la Ley Sáenz Peña y cuyos guarismos consagraron el triunfo de Juan Domingo Perón.

Los objetivos de su primer mandato, como hemos referido, se fueron concretando a través de un proceso de crecimiento de la economía y una constante y sostenida justicia social que garantizaba el valor del trabajo.

El referido proceso de cambio debió enfrentar también serias y complejas dificultades en la marcha de su realización, derivadas del desplazamiento o menor significación de sectores privilegiados en la etapa anterior en el ámbito interno, pero también de resultas de importantes presiones externas no dispuestas a aceptar un definitivo desarrollo de nuestro país.

A pesar de ello, los principales factores de poder continuaron apoyando la política oficial que resultó masivamente ratificada mediante un nuevo triunfo electoral que otorgó a Perón su reelección presidencial.

Si bien el objetivo de este trabajo tuvo por límite el fin de la segunda década enunciada, me siento precisado a efectuar algunas reflexiones sobre la marcha posterior de nuestra querida

Patria luego de haber transcurrido desde entonces más de setenta años.

Con ese propósito vale señalar que Perón no terminó su segunda presidencia, por cuanto, como sabemos, fue derrocado en 1955 por un movimiento cívico-militar que por su heterogeneidad careció de auténticos objetivos definidos en cuanto al desarrollo del país se refiere.

Solo cabe destacar respecto de lo afirmado que la única excepción a la ausencia señalada la constituyó el también interrumpido gobierno constitucional del Doctor Arturo Frondizi –reconocido estadista–, quien, durante su mandato, mediante una seria e inteligente política, impulsó lo que pudo ser un definitivo desarrollo del país iniciado durante la segunda década de nuestro estudio.

Muchos y de diversa entidad fueron los gobiernos que se sucedieron luego del precedentemente citado, todos ellos de endeble o falsa estabilidad ideológica o programática. Recién a partir de 1983 se logró una ininterrumpida normalidad institucional. Durante ese período, que ya cuenta más de cuarenta años, se sucedieron en el gobierno hasta 2023 tres signos políticos distintos que durante sus respectivos mandatos no supieron priorizar un auténtico desarrollo nacional conforme el enunciado de la segunda década analizada, prevaleciendo solo su eventual permanencia en el poder.

Ninguno de los enunciados gobiernos, a través de sus eventuales conductores, quiso o supo convocar a los restantes sectores políticos a un acuerdo que desprovisto de plataformas electorales significase la concreción del demorado objetivo de construir definitivamente una auténtica y ponderada Argentina.

Ha transcurrido ya más de un año desde que una mayoría circunstancial del pueblo argentino, sacudiendo su tedio electoral, consagró el triunfo de una agrupación hasta entonces de pobre significación. Su creador, electo Presidente de la República, ha manifestado enfáticamente ser un auténtico representante de la corriente de pensamiento liberal, agregando a ello la indefinida condición de "libertario" y de profundo crítico del rol del Estado que aspira a disminuir a su más reducida expresión lo que históricamente no ha sido nunca objetivo de los verdaderos gobiernos liberales del mundo.

Como la mayoría de los ciudadanos que componen las nuevas generaciones de argentinos no ha sido debidamente instruida sobre nuestra historia política e institucional resulta menester señalar que nuestra larga demora en la realización nacional ha sido precisamente la casi permanente política liberal instaurada en nuestro país y a la que hemos hecho particular referencia al referirnos a la primera década de nuestro trabajo.

Me siento, por último, precisado a señalar que ningún país del mundo ha logrado una verdadera autonomía, amparándose incondicionalmente en una gran potencia o en su dirigencia de turno.

Ni la coincidencia de ideas ni los recursos que podremos lograr de una o varias potencias tendrá la entidad suficiente para transformar la dependencia en autonomía.

Nuestra Patria habrá de lograr su definitiva y auténtica realización a través de sus propios recursos, pero con el impostergable, irrenunciable y decidido apoyo de renovadas generaciones que sientan el significado de su nacionalidad.

9 786316 680303